U0937120

國古代最大科舉考場

江南貢院

Zhongguo Wenhua
Zhishi Duben

中国文化知识读本

古代科举

主编 金开诚
编著 姜丹丹

吉林出版集团有限责任公司
吉林文史出版社

图书在版编目（CIP）数据

古代科举 / 姜丹丹编著 .一长春：吉林出版集团有限责任公司：吉林文史出版社，2009.12（2022.1 重印）

（中国文化知识读本）

ISBN 978-7-5463-2001-4

Ⅰ.①古… Ⅱ.①姜… Ⅲ.①科举制度－中国－古代 Ⅳ.① D691.3

中国版本图书馆 CIP 数据核字（2009）第 237209 号

古代科举

GUDAI KEJU

主编/ 金开诚 编著/姜丹丹

责任编辑/曹恒 于涉 责任校对/王凤翎

装帧设计/曹恒 摄影/金诚 图片整理/董昕瑜

出版发行/吉林文史出版社 吉林出版集团有限责任公司

地址/长春市人民大街4646号 邮编/130021

电话/0431-86037503 传真/0431-86037589

印刷/三河市金兆印刷装订有限公司

版次 /2009 年 12 月第 1 版 2022 年 1 月第 6 次印刷

开本/650mm×960mm 1/16

印张/8 字数/30千

书号/ISBN 978-7-5463-2001-4

定价/34.80元

《中国文化知识读本》编委会

关于《中国文化知识读本》

文化是一种社会现象，是人类物质文明和精神文明有机融合的产物；同时又是一种历史现象，是社会的历史沉积。当今世界，随着经济全球化进程的加快，人们也越来越重视本民族的文化。我们只有加强对本民族文化的继承和创新，才能更好地弘扬民族精神，增强民族凝聚力。历史经验告诉我们，任何一个民族要想屹立于世界民族之林，必须具有自尊、自信、自强的民族意识。文化是维系一个民族生存和发展的强大动力。一个民族的存在依赖文化，文化的解体就是一个民族的消亡。

随着我国综合国力的日益强大，广大民众对重塑民族自尊心和自豪感的愿望日益迫切。作为民族大家庭中的一员，将源远流长、博大精深的中国文化继承并传播给广大群众，特别是青年一代，是我们出版人义不容辞的责任。

《中国文化知识读本》是由吉林出版集团有限责任公司和吉林文史出版社组织国内知名专家学者编写的一套旨在传播中华五千年优秀传统文化，提高全民文化修养的大型知识读本。该书在深入挖掘和整理中华优秀传统文化成果的同时，结合社会发展，注入了时代精神。书中优美生动的文字、简明通俗的语言、图文并茂的形式，把中国文化中的物态文化、制度文化、行为文化、精神文化等知识要点全面展示给读者。点点滴滴的文化知识仿佛繁星，组成了灿烂辉煌的中国文化的天穹。

希望本书能为弘扬中华五千年优秀传统文化、增强各民族团结、构建社会主义和谐社会尽一份绵薄之力，也坚信我们的中华民族一定能够早日实现伟大复兴！

目录

翠屏書院

一 追溯科举制度的产生

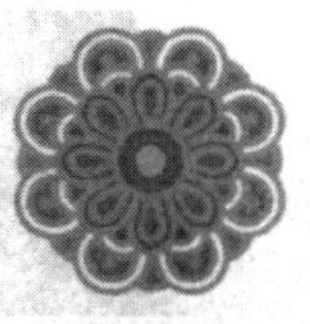

鲍叔牙塑像

科举制度的产生不是偶然的，它经历了漫长的历史孕育。在我国原始社会，选贤任能作为推举首领的主要方式在氏族社会曾长期存在。原始社会末期，被推举为联盟首领的接班人，除了才能出众，其道德高尚也是被考虑的重要因素。

西周时期，人才选拔开始制度化。除大夫以上的官员由贵族世袭外，其他的采取“乡举里选”的办法来吸收。乡、里都是当时的地方行政组织，乡、里选出有才能的“秀士”，由诸侯贡献给天子，这就叫“贡士”。周天子亲自对贡士进行考试，选择优秀者担任朝廷职务，把举荐与考试结合起来。那时崇尚勇武，考试的主要内容是射箭。在这种制度下，只有王公贵族子弟才能世代为官。

到春秋战国时期，贵族世袭制逐渐为人们所摈弃，推荐人才担任高级幕僚成为诸侯们增强竞争实力的重要措施。齐国的鲍叔牙把当了俘虏的管仲推荐给齐桓公，经过彻夜长谈，齐桓公觉得管仲是个难得的人才，就让他做了宰相，很快齐国就成了五霸之首。秦国的蹇叔向秦穆公推荐沦为奴隶的百里奚，秦穆公用五张羊皮把百里奚从楚国人手中赎回，后来，在百里奚的辅佐下，秦穆公也成为了五霸之一。晋国掌管军政的中军尉

蹇叔向秦穆公举荐百里奚

祁奚年纪大了，请求退休。晋悼公问他，谁能接替他的职务，祁奚推荐了他的仇人解狐。正当晋悼公打算任命的时候，解狐却死了。晋悼公又问祁奚，还有谁可以顶替，祁奚推荐了自己的儿子祁午。副中军尉羊舌职死了，晋悼公问祁奚谁可以接替职位，祁奚认为羊舌职的儿子羊舌赤可以接替。就这样，祁午当了中军尉，羊舌赤当了副将。人们赞扬祁奚，说他推举仇人，不是为了献媚；推荐儿子，不是有私心；推荐下级的儿子，并不是偏袒，这才是善于推荐贤人的表现，祁奚被当时的人们视为举荐贤人的楷模。

到汉武帝时，察举成为一项严密的制度。在位的丞相、列侯、守、相等定期得向朝廷推举人才。察举科目有孝廉、贤良文学、秀才等。通常先由乡、里评议，再由郡国考察，推举到朝廷。朝廷还要进行一定的考试，当时采用的是“策问”形式。“策”是竹简，把问题写在竹简上，让应试者回答，这种形式后来被科举沿用。汉代的察举制度比前代大有进步，扩大了封建统治基础。但是，它又存在着一些缺陷。考试在察举中并不占有重要的地位，起决

汉武帝刘彻像

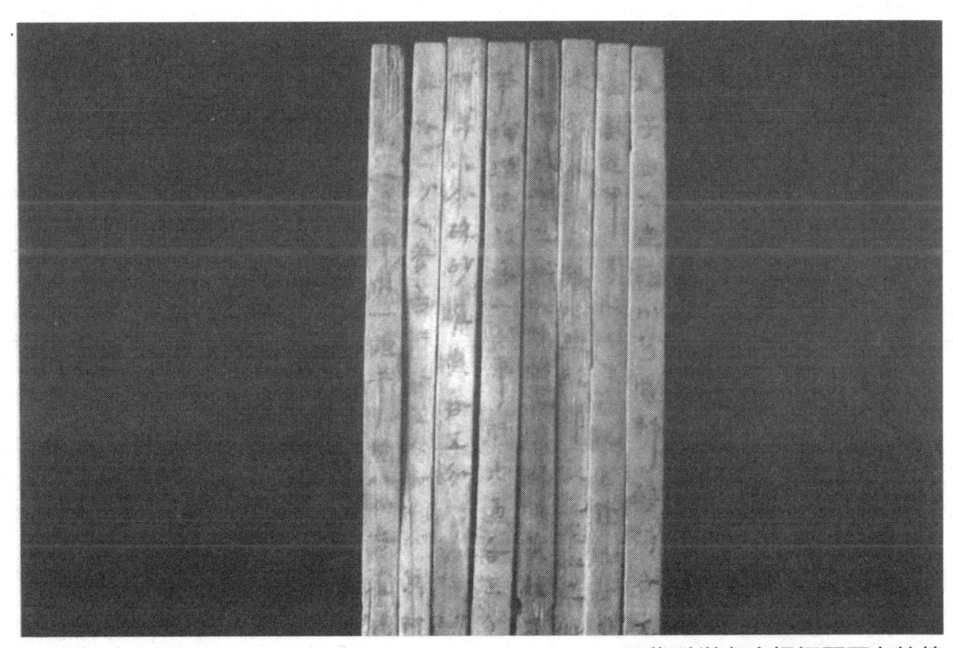

汉代科举考官把问题写在竹简上，让应试者回答

定作用的还是推举。推举的权力掌握在高级官员的手里，因而拉关系、行贿赂、受请托等弊病有了滋生的土壤，权贵操纵把持着入仕途径。有的士人为了得到推举，刻意伪装自己，以博取好名声。东汉有个赵宣，母亲死后，住在墓道中守孝。一般人守孝三年，他却整整守了十年，人们称他是大孝，多次推举他为孝廉。可是后来发现，他在守孝的十年间生了五个儿子，众人哗然。因为按守孝的规定，服孝的人必须禁欲，不能与女人同居，可是赵宣却有了五个儿子，这又能说明什么呢？像赵宣这样的伪君子，汉代为数不少。当时有一首民谣："举秀才，不知书；

九品武官补服上的图案

察孝廉，父别居；寒素清白浊如泥，高第良将怯如鸡。”用现在的话来说就是，“推举的秀才没读过几本书，察举的孝廉却不和父母住在一起，嘴上说清白的贫寒人士什么丑事都干，选拔出来的优秀将领却胆小如鸡。”这首民谣深刻地揭露和无情地嘲讽了荐举制的弊端，这种现象到魏晋南北朝实行“九品中正制”时发展到了极端。

魏文帝曹丕，对汉代的察举制度进行了改造，专门派中正官到各地去考察人才，按九个品级评定等级，推荐给朝廷进行考试，这就是所谓的“九品中正制”。它是在延康元年 (220 年) 在对东汉察举制的反思与损益的基础上创设的，但在其实际操作过程中，选举大权几乎全部被朝廷士族高官垄断，而选举人才的标准也就逐渐舍弃才德，不论贤愚，专讲家世门第，久而久之，中正官们推举上去的都是贵族子弟，考试也只是个形式。西晋诗人左思才华横溢，他写的《三都赋》风靡都城，人们竞相传抄，但由于左思出身低微，列不了上品，得不到举荐，于是他发出了“世胄蹑高位，英俊沉下僚”的感叹。

隋朝建立后，隋文帝杨坚为了加强中央集权，扩大地主阶级的政权基础，正式废除了九品中正制，将选官权力收归中央，规定

左思《魏都赋》

五品文官补服上的图案

各州每年以文章华美为标准选拔人才，推荐给朝廷。后来又命令京官五品以上、地方官总管、刺史等以“志行修谨”（有才）、“清平干济”（有德）二科举荐人才。大业元年（605 年），隋炀帝杨广即位后，又创置了“进士”、“明经”科，国家用考试的方法以才取人，从而揭开了我国人才选拔史上新的一页。从此，考试作为衡量人才主要标准的观念逐步确立，科举制度应运而生。

二 纵览中国千年科举

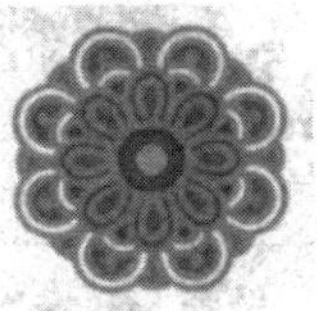

国子监牌坊

在整个隋朝的三十几年间，总共举行了四五次科考，共录取秀才、进士十二人。唐朝继承并发展了这一制度。唐朝的科举分为常科与制科两类。常科每年举行，制科则是皇帝临时设置的科目。常科的考生有生徒和乡贡，常科名目很多，依据应举人的条件和考试内容分为秀才、明经、进士、明法、明书、明算等科。生徒是在国子监（国子学、弘文馆、崇文馆）、各地学馆入学考试合格的学生；乡贡则是通过府试、州试的人，又称举人，考取第一名的称解元或是解头。通过朝廷尚书省的省试者称为进士及第，考取第一名的称状元，其余分甲第

科举考试用书桌

和乙第。

唐朝初年，由吏部考功员外郎主持科举考试。开元二十四年（736 年），科举考试改由礼部侍郎主持，这是因为郎官地位太低。唐代科举中最常见的科目是进士和明经。进士一般考试帖经、杂文、策论，分别考记诵、辞章和政见时务；明经一般为试帖经、经义、策论。所以进士和明经的区别主要在于辞章和经义，当时的人一般重进士，轻明经。进士每年录取名额不过三十人，加上明经也只在百人左右。

除了每年的常科考试外，还有临时不定期由皇帝亲自主持的科举考试，叫制科。唐代制科的科目有百种，如博学宏词科、文经邦国科、达于

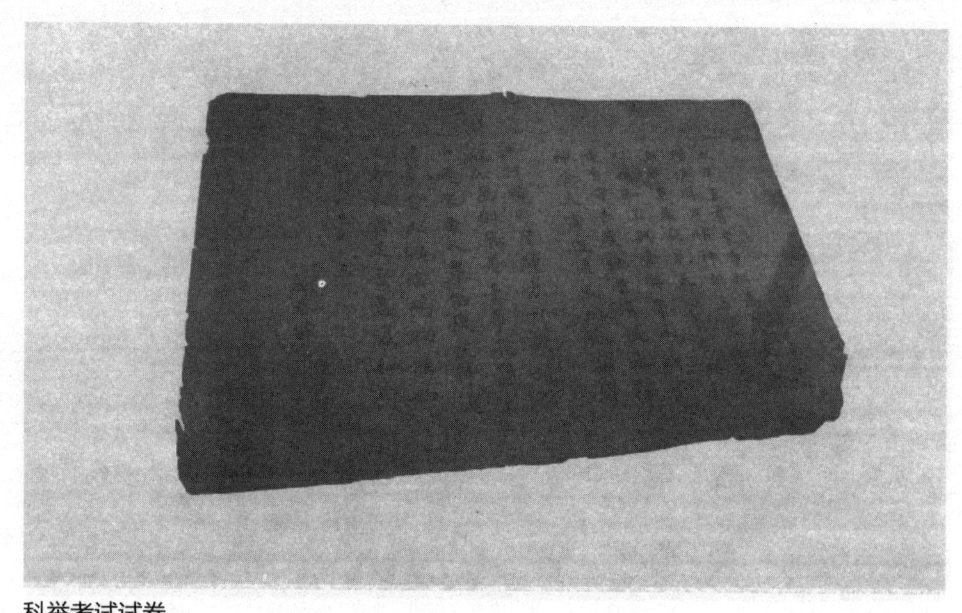

科举考试试卷

教化科等。参加制科的人不仅有白身，也包括有出身和官职的人。应试者可以由他人举荐，也可自荐。开元以后，全国参加制科的人“多则两千，少犹不减千人”，所以“所收百才有一”。考试以策论为主，也考经史和诗赋。录取后“文策高者，特赐与美官，其次与出身”。制举以开元时期为最盛，文宗大和以后就很少举行了。

武则天主政时，曾首创了由皇帝主持、复核进士资格的殿试和取武将的武科。整个唐朝的科举取士约一万人。唐代的宰相中，百分之八十是进士出身，可见科举的成效。但科举也并不是唐代招纳人才的唯一方法，“门荫入仕”和“杂色入流”也是唐代重要的入仕途径。到了唐代后期，出身寒门由科举入仕者渐多，与世族门荫入仕者形成两大官僚派系集团，互相倾轧，史称“牛李党争”。

宋代科举考试图

宋代进一步改良了唐朝的科举制度，确立了一套相当完整的体制。宋代之所以改良科举制度，其中重要原因是皇帝想要加强对取士过程的控制，减少考官及士子联党结派的可能。自宋太祖开宝六年起，取录的进士一律要经过由皇帝亲自主持的最后一关——殿试，名次也由皇帝亲定。自此以后，进士都是“天子门生”，而不再是考官的门生。为了保证考试公平及公正，宋朝对考试的规则进一步完善，以免考生或考官作弊。另一方面，宋代取士的数量大增，每科进士通常达数百人，并且放宽了应考条件，不论财富、声望、年龄如何都可以应考，对偏远地方的考生更给予支持，赠与路费。

宋代的科考分为三级：解试（州试）、省试（由礼部举行）和殿试。解试由各地方进行，通过的举人可以进京参加省试。省试在贡院内进行，连考三天，为了防止作弊，考官均为临时委派，并由多人担任。考官获任后要立即奔赴贡院，不得与外界往来，考生到达贡院后，要对号入座，同考官一样不得离场。试卷要糊名、誊录，并且由多人阅卷。而殿试则在宫内举行，由皇帝亲自主持及定出名次。自宋代起，凡于殿试中中进士者都会授予官衔，不需要再经吏部选试。自宋英宗治平二年(1065 年)起，定期开考，三年一科，之后为明、清两朝所沿袭，至科举被废为止。

宋代灭亡后，至元仁宗延祐二年(1315 年)，再次开办科举考试。元代科举分地方的乡试和在京师进行的会试及殿试。元代从仁宗到顺帝灭亡时为止，科举时办时废，只举办过大约十次，取士一千余人。但元代科举所选人才通常没有受到足够的重视，在元代政府中产生的影响也不大。

明朝的科举在宋代的基础上继续改良发展，制度已经非常完善，规模也更加庞大，参加科举的人数也大大增加，但是考核的内容却开始

科举考试用书

僵化。明朝二百多年共开科八十九次，取进士一万七千人。清朝科举基本承袭明朝的制度。清朝开国之初，曾在顺治年间两次分满汉两榜取士，之后改为只有一榜，但不鼓励满人、蒙古人参加，把科举入仕之途留给汉人，即所谓“旗人不占鼎甲”。清朝近三百年间共开科一百一十二次，取进士二万六千余人，进士前三名中只有三人是满人，其中两人是顺治分榜时所取。明清时期，正式由国家举行的科考分为三级：乡试、会试、殿试。在参加正式科考以前，考生先要取得“入学”的资格，即成为生员。入学有两个途径，一是通过称为童试的县、府、院三级考试，这是大部分士子所用的方法，被认为是入仕的正途。另一个方法是进入国子监，成为监生，监生中有皇帝恩准的“恩监”，还有因为其长辈曾为国建功立业而特准的“荫监”，最常见的方法就是通过捐献金钱财物而成为“捐监”。监生虽然也可以参加乡试、会试，但一般被认为是“杂流”，就算能考中进士，地位也较低，不受重视。

鸦片战争后，科举考试的内容渐渐与时代发展的需要脱节，加上“西学东渐”和学校教育的崛起，科举制度渐渐衰落。1895年，

状元及第图

清末，慈禧宣布停止科举考试，自此科举制度正式宣告废除

中国在甲午战争中被日本打败，京考会试的举人集体请愿，康有为、梁启超等举人们的建议之一，便是改革科举，兴办新学。百日维新时，科举一度被废，但在戊戌政变后再次被恢复。1901年，清政府废除考试用八股文，到了光绪三十一年，即1905年9月2日，经袁世凯奏请，慈禧以光绪名义发布谕告："着自丙午科为始，所有乡会试一律停止。各省岁科考试，亦即停止。"自此延续千年的科举制度正式宣告废除。

三 古代科举制度概述

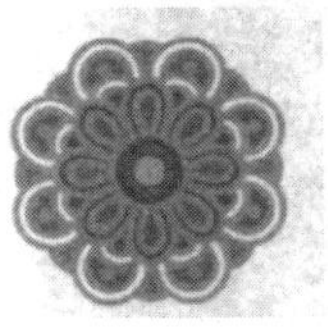

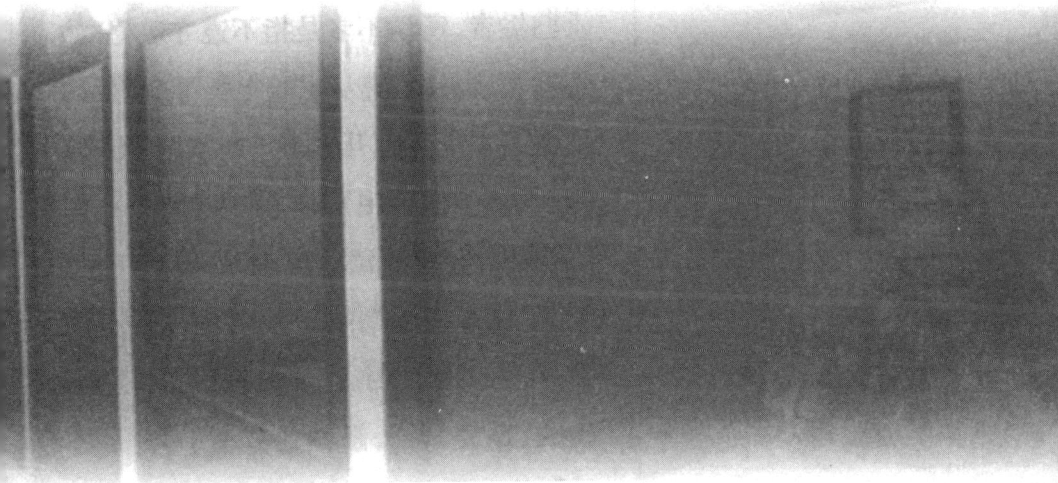

参加科举考试的考生每人一个单间

科举考试的要求、内容及形式等，都集中体现着统治阶级的意志，反映出时代的特性，展示了科举发展的兴盛与衰落。考什么、怎么考、在哪考、录取标准等等，都受到了极大的关注，牵动着人们的行为和意识。

1. 科举考试对应试者的要求

并不是所有的人都能够参加科举考试，科考对考生的家庭出身、籍贯都是有要求的。科举考试要求考生家庭出身“清白”。家里有人做官算是清白，务农者也属清白。唐代规定，犯过法的人、工商业者、州县衙门的役吏不得参加科举考试。宋代在此基础上增加了不孝者、和尚道士归俗者。所谓不孝是指不遵守道德，如不孝顺父母、不遵从兄长之类等。清代的规定更加严格，凡是娼（妓女）、优（演员）、隶（下等役吏），卒（劳役）的子孙都不能参加科举考试。家有娼、优、隶、卒，就为“家世不清”，隔了三代家中没有这类人，才算是清白。另外，用人、看门人、轿夫、媒婆、剃头修脚者都属于“身世不清”，他们的子孙也不能参加科举考试。

科举考试除了要求考生出身清白，还

武魁牌匾

有其他的一些要求。比如，为了保持各地应举士人的比例协调，便于考查他们的出身、德行，一般地方乡试、会试都要求考生在籍贯所在地逐级参加考试，与我们现在高等学校统一考试招生要求考生在户口所在地报考的情况类似。所以，一到考试的时候，在外宦游或求学的士子们纷纷返回家乡，准备应试。也有一些人来不及返乡，就出现了“冒籍”现象。考生“冒籍”参加考试，会占用所“冒”地区的指标，侵害当地考生的利益，还会滋生贿赂腐败行为,所以各朝采取诸多措施来严令禁止。比如调整科举政策、增加解额、统一考试时间、分卷考试、严审考试资格、要求考生带着宗族谱牒来报考，以审查其户籍，并且用文字描述考生的长相。清康熙初期甚至在童生试中开始推行“审音”制度，核对童生口音，以判断是不是本县籍人。而且，政府对“冒籍”现象的惩处也是非常严厉的，对于考生，如果发现有“冒籍”行为，则取消其考试资格，如果已经参加了考试,则取消其名额及名次,然后再治罪，相关官员也会受到降级、调用甚至革职的惩罚。

科举考试在考试时间上并没有具体的规定。在唐代，科举考试通常是在白天，如果做不完题目，允许延长时间，天黑了可以点着蜡烛继续做题，以三根蜡烛为限，考生可以从容地答题，细心构思，仔细揣摩，精益求精。宋代以后科举考试的时间就没有那么自由了，不仅不允许延时，还把答卷的速度定为录取的标准，只要谁第一个交卷，而且又没有其他违背规定的地方，就被录取为第一名，这就大大刺激了应试者，一进入考场，大家就奋笔疾书，都争着第一个交卷。这样造成的结果就是应试者根本不考虑语句是否通顺，对策是否通畅，立论是否可靠，一心只求速度，使得考试根本选拔不出真正的人才。到了明清时代，虽然不是按照速度录取，

无数学子寒窗苦读十余载，只为在科举考试中有所斩获

但是每年参加考试的人多达成千上万名，考官阅卷的任务非常重，考官阅的卷子多了，看得迷迷糊糊，也就糊里糊涂地批，有的卷子都来不及看，就放在了一边，也有的人按名额批卷，录取名额满了，后面的卷子就不批了，所以在考试中还是快点作答为妙，免得连被评阅的机会都没有。晚清林则徐曾经上书皇帝，要求制定评阅章程，改变这种混乱的状态。

科举考试的优点就在于它没有年龄的限制，从乳臭未干的儿童到白发苍苍的老翁，只要家世清白，都可以参加考试，所以在我国历史上，六七十岁老人赶考者比比皆是，

科举考试复原场景

欧阳修曾担任过宋代知贡举的职务

百岁老人赴场应试者也时而可见。

2. 科举考试对考官的选拔

主持朝廷科举考试的考官有一个专有的名称——“知贡举”。在考生看来，考官是他们命运的主宰，他们期望公平，所以也称主考官员为“主文柄”或是“主文衡”。

唐代科举形成之初，主持科举考试的官员为礼部考功司的考功员外郎。考功司是礼部专管考试、考核事务的部门。宋代知贡举的官员大多数是皇帝派遣的文学侍臣学士，如欧阳修、苏轼、梅尧臣都担任过这一职务，而且考官的级别常常高于礼部侍郎。清代雍正年间则明确规定，不是三品的官衔不能担任知贡举的职务，另外，知贡

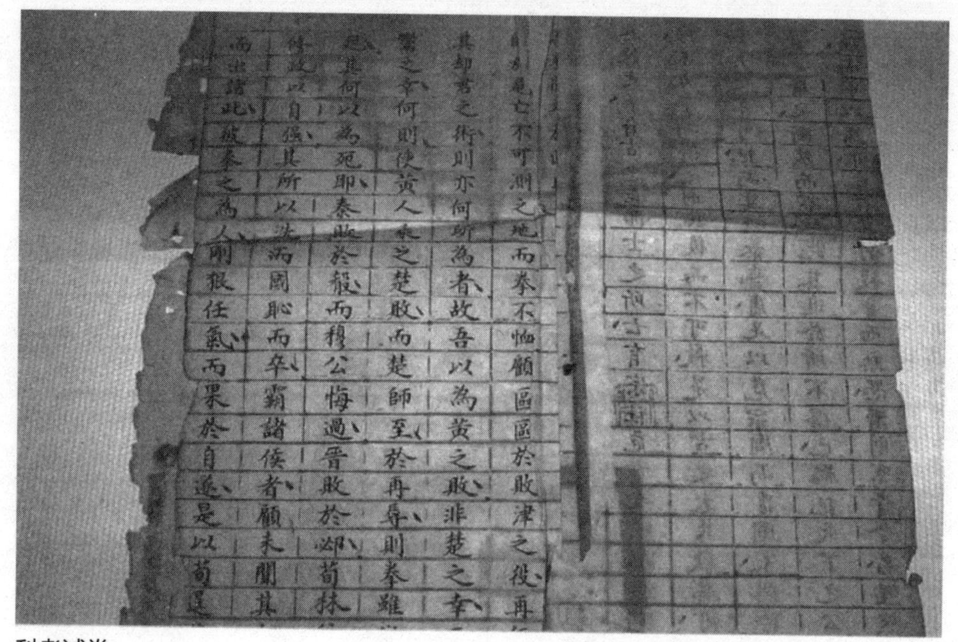

科考试卷

举不仅要有相当的官位，还要有进士出身。当然，也有例外的，贞元十八年（802 年），权德舆以中书舍人（正五品）的资格任知贡举，后来改官为礼部侍郎，又连续两年主持科举，选拔了一批很优秀的人才，深受后人的称赞。为了加强考试的监管，分散权力，防止知贡举为官独断，唐后期的科举考试，除设主考官外，又设副主考官和同考官。明清时期，按照考试内容分房阅卷，同考官也就称作房官，清代房官达到十八人之多，号称十八房。

科举考试涉及到千千万万读书人的命运，为了维护考试的严肃性，从唐到清，对考官采取了越来越严格的限制措施。唐代就有了考官回避制度，规定考官有亲戚参加科举考试者，必须另外设立考试场所，委任其他官员主持考试，这被称为“别头试”。宋太宗淳化三年（992年），翰林院学士苏易简授命知贡举，他深知这个差事不好干，很难应付别人的请托，于是一接到任命，他就直接进贡院，不与外界接触，防止有人来托关系。这种做法受到宋太宗的极力赞扬，从此形成制度，知贡举官员一经任命，立即进贡院隔离，连家里人也不能见，防止走漏消息和打通关节，这叫“入闱”。“入闱”一般要一个多月的时间，直到考试公榜后，才解除隔离。这种方法也为现代高等学校招生考试所沿用。

3. 科举考试的形式

科举考试实行了上千年，但考试的形式代代有变化。唐代常科考试每年举行一次，基本上是两条途径。一条是学校选送。地方州、县学馆的学生和朝廷设立的学校国子监、弘文馆、崇文馆里的学生，在学校考试合格后，直接参加最高行政机关之一尚书省主持的省试。省试又叫礼部试，应试的学生称为“生徒”。另一条是乡贡。不是学校生徒的可以拿着自己身份履历的证明到县里报名，县里组织考

科举考试层层选拔，十分严格

试，优秀者选送到州府。州府再进行考试，选送一部分人进贡到朝廷参加省试，被选中的人叫乡贡进士或贡士。每年十月，地方学校和行政长官把乡贡进士和进贡品一道送到京都，这叫做“发解”，所以州府考试又叫解试。解试由地方行政长官主持，第一名称作解头或解元。省试大约在次年元月举行，省试合格被录取叫做“及第”，第一名称作状头或是状元，第二名称作榜眼，第三名称作探花。

宋代科举大体上承袭了唐代的形式，但增加了由皇帝主持的殿试，形成了州试、省试、殿试三级考试的格局，考试的组织逐渐完善。人们把参加省试的考生称为“举子”、“贡生”，

孔子行教图

省试第一名称为省元，殿试的第一名称为状元。殿试录取开始是三取一或是二取一，后来出现了张元因为殿试落第投奔西夏，帮助西夏进犯骚扰中原的事件，殿试改为全部录取，只有等级区分。殿试成绩分五等，第一、二等称为赐进士及第，第三等称为赐进士出身，第四、五等称为赐同进士出身。后来，人们又把第一、二等称作一甲，第三等称作二甲，第四、五等称作三甲。宋初科举考试有时连年举行，有时隔年举行，也有时隔好几年才举行。如宋仁宗嘉祐年间改为两年举行一次，到宋英宗又改为三年举行一次。

状元题字匾额

明清两代科举考试与前代相比，有一个很明显的特点，就是科举考试与学校教育的相结合。要参加科举考试，就必须通过学校，取得一定的学生资格。所以科举考试最初等的考试就是县学的录取考试。凡是没有取得县学、府学学生（叫“生员”）资格的人，统称为童生，考生员就称为童试，这并不是年龄的界定，童生可以是儿童、青壮年，也可以是白发老翁。不论年龄大小，参加童试的都称为童生。明清时代科举的正式考试分为四级：院试、乡试、会试和殿试。县学童试及格后，并不能直接就参加院试，还要经

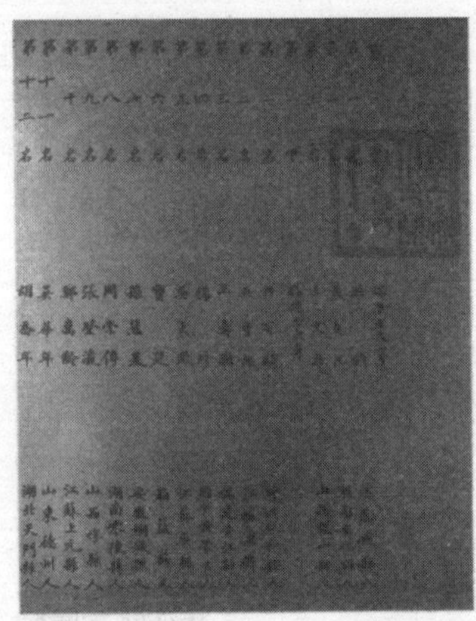
科举考试公布的名次、姓名和籍贯

过州府府学举行的府试，府试及格后，才具备了正式参加科举考试的资格。

院试在各府和省直辖的州府举行，每年一次。主持人是省里主管教育的长官学政，他依次到省内各府和直辖州主考，所以院试的时间不是一致的。童生院试及格，名义上就成为国家学校的生员，通常称为“秀才”，也叫做“相公”。中了秀才，就算是进入了社会上流。秀才见了知县可以不下跪，官府也不能随便对秀才用刑，一般的人见了秀才要称老爷。每年举行的院试除了考童生，也考秀才。就是说，以前取得了生员资格的秀才，还必须参加年度考核岁试。岁试成绩共分为六等，取得一、二等成绩的人才可以参加高一级的科举考试——乡试。

乡试是省一级的考试，三年一次，在各省省会和直辖的北京、南京举行。考试时间在秋季的农历八月，所以人们称之为“秋闱”（闱本指考场）。乡试及格称为中举，及格者称为举人，乡试第一名称为解元。中了举，不仅取得了参加会试的通行证，而且取得了做官的资格。即使会试不能及第，也可以安排一定的官职。中了举，

武进士榜

才算是真正踏上了仕途。

会试是国家级的考试，也是三年举行一次，时间在乡试的第二年春季农历二月，所以又称为“春闱”。因为由礼部主持，也有人称“礼闱”。会试录取的称为贡士，第一名叫“会元”。

殿试是最高一级的考试，时间在会试后不久的四月，由皇帝主持。和宋代一样，殿试没有及格不及格之分，只有等级差别。分为三甲，一甲三名，第一名叫状元，第二名叫榜眼，第三名叫探花，合称三鼎甲。也有的人把前三名统称为状元。二甲为赐进士出身，其中的第一名又称传胪。三甲为赐同进士出身。虽说参加殿试的都叫进士，但人们看重的仍是鼎甲。

4. 科举考试的主要内容

隋炀帝时的科举分两科，一称明经，另一称进士。虽然唐代大大增加了科目数量，但明经和进士仍是选拔官员的主要科目。明经科的主要考试内容包括帖经和墨义。帖经有点像现代考试的填充，试题一般是摘录经书的一句并遮去几个字，考生需填充缺去的字词，至于墨义则是一些关于经文的问答。进士科的考试主要是要求考生就特定的题目

科举考试江南考场塑像

科举考试用书

创作诗、赋，有时也会加入帖经。唐高宗以后，进士科的地位慢慢超越了明经，成为科举中唯一的重要科目。造成这种现象的原因主要是进士科考生需要发挥创意方能及第，而明经只需熟读经书便能考上，而且进士科的评选标准非常严格，考上的人数往往只是明经科的十分之一。当时曾有一句话说：“三十老明经，五十少进士。”意思就是说，“三十岁考上明经算是老的了，而五十考取进士就算年轻的了，”这句话形象地道出了进士科的难度。

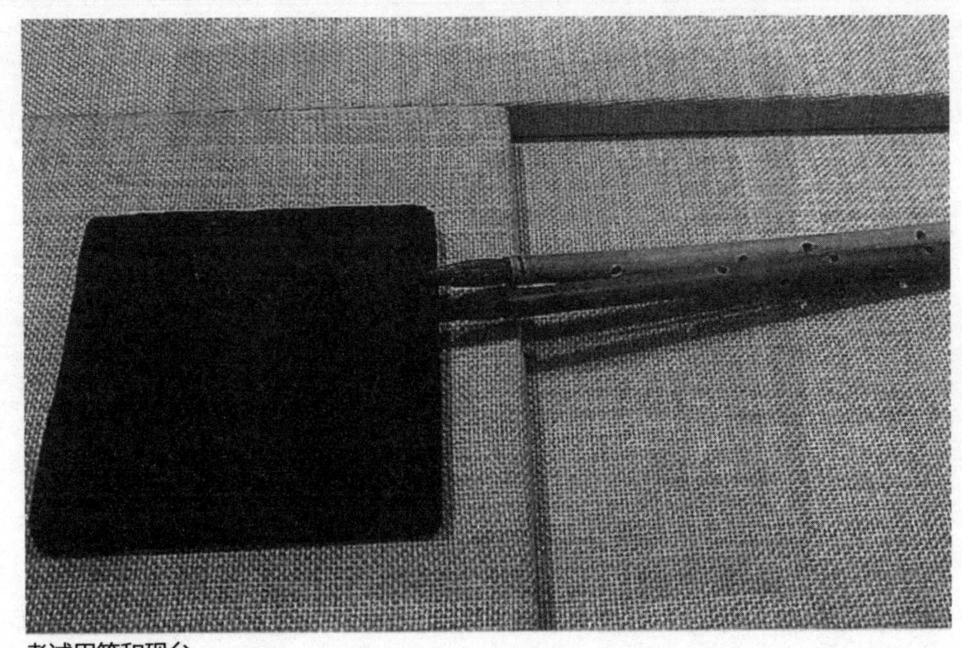
考试用笔和砚台

以诗赋作为考试的主要内容是唐代科举的鲜明特色。初唐，进士科考试还是只考策文，内容比较单一，不容易展示考生的水平，也不好把握录取的标准。到了武则天当权时，由于考功员外郎刘思立的建议，将科考改为帖经、杂文、策文三项内容，其中的杂文，本来是指官府文书之类的文章，后来发展为写诗赋，诗赋的题目无非是歌颂帝王圣贤，歌颂太平盛世，描绘美景佳物之类。诗要求是五言律诗，十二句，押一个韵。赋大约限写三百五十字以上，通常以八个字一句来作为全赋应押的韵。以诗赋取士，固然可以考查文士的文学才能，但是国家选拔人才并不全是要吟诗作赋的人。随着科举制度的发展，它的弊端也越来越明显，经宋代王安石改革后，取消了以诗赋为主要录取标准的成规。他把帖经、墨义和诗赋等考试都取消了，改为以经义（解释经书）、论（对时局的评论）和策（提出解决时弊的办法）作为考试内容。然而，苏轼等人对该项改革提出了强烈的抗议。

元代的科举虽然对自身的统治影响不大，但它的内容却有重大转变。第一是科举不再分科，专以进士科取士；第二是考试指

《四书集注》

科举考试试题

定的读物有所变动。新的规定是，如果经义的考试内容包括四书，则以朱熹著述的《四书集注》作为主要的依据。这两项改动并没有随着元朝的灭亡而消亡，而是成为明清两代八股文的基础。

明清时期，科举考试中的乡试及会试皆以四书的内容命题，要求考生以古人的语气阐述经义，“代圣人立言”，用八股文作答。八股文有很多格式上的要求，极为讲究形式。只有到了科举最后一关，用以决定名次的殿试,才会改为考时务策问。但是考生答“策”的内容很多时候都并不重要，清朝的皇帝便惯以试卷的书法取定殿试名次的高低。

八股文的结构内容包括破题、承题、起讲、入手、起股、中股、后股、束股。其中破题、承题、起讲是解释分析论题，引出文章旨意，入手是过渡，收结是结尾。起股到束股是文章的主体部分，除出题，各有两股，要对偶成文。写的时候必须严格按照这个程序，就连字数也必须按照规定，不能多也不能少，明代以三百字为限，清初要求必须写够四百五十字，后来又逐渐增加，乾隆以后增加到了七百字。这就

安徽贡卷

清代八股文抄本

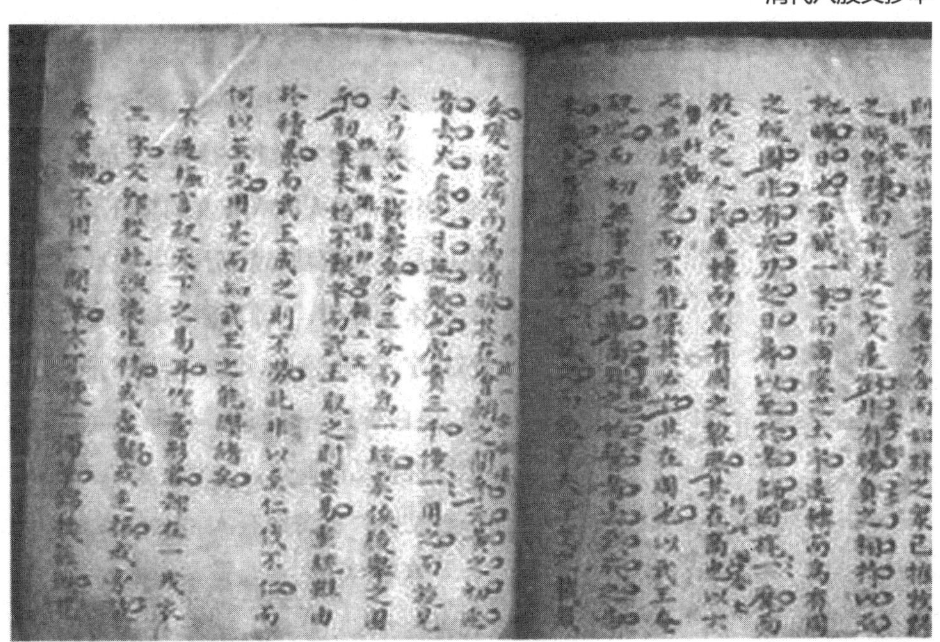

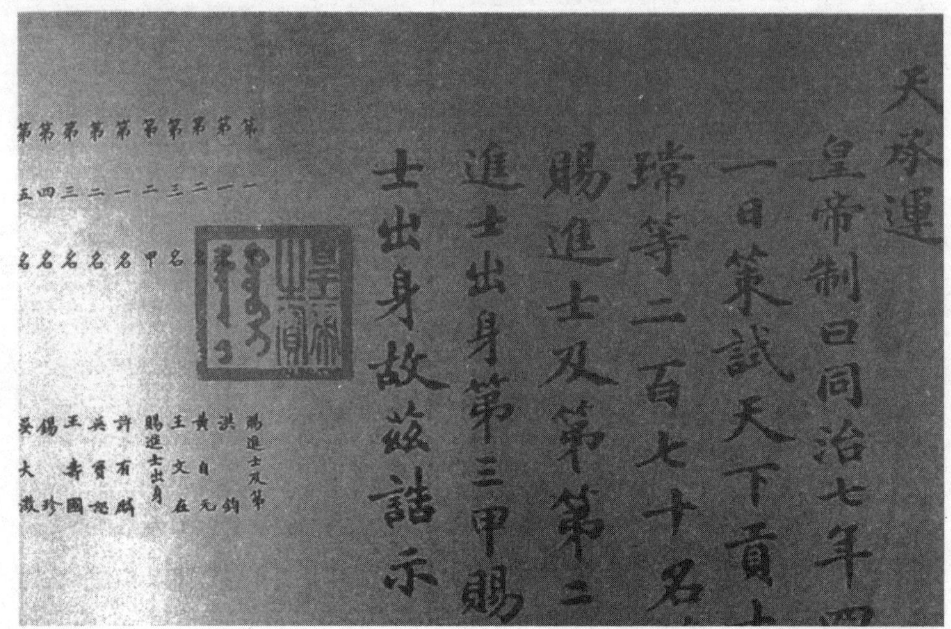

及第圣旨

像做好了一种套子，每个人都得拿着它硬套，不求有独立的见解和创新的思想。考生的实际见识和才学在八股文的要求下反而被忽略了，于是不少考生索性舍四书五经，专门钻研为应付考试而设、被称为“帖括”的八股文范文选课本。当时一些人称八股文为“敲门砖”，意思就是说考取功名后便可以弃之。清代名医徐大春说：“人们整天模仿那些无用的文字，不通经史，不知天下事，辜负光阴，白白昏迷一生，就算他骗得京官，也是百姓朝廷的晦气。”这些话真是批露得一针见血！也曾经有人将八股文与“鸦片”、“缠足”并列，称为是荼毒中国人的三大害。

四　光怪陆离的应试现象

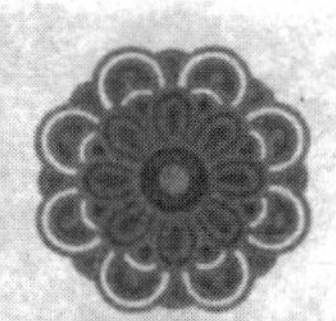

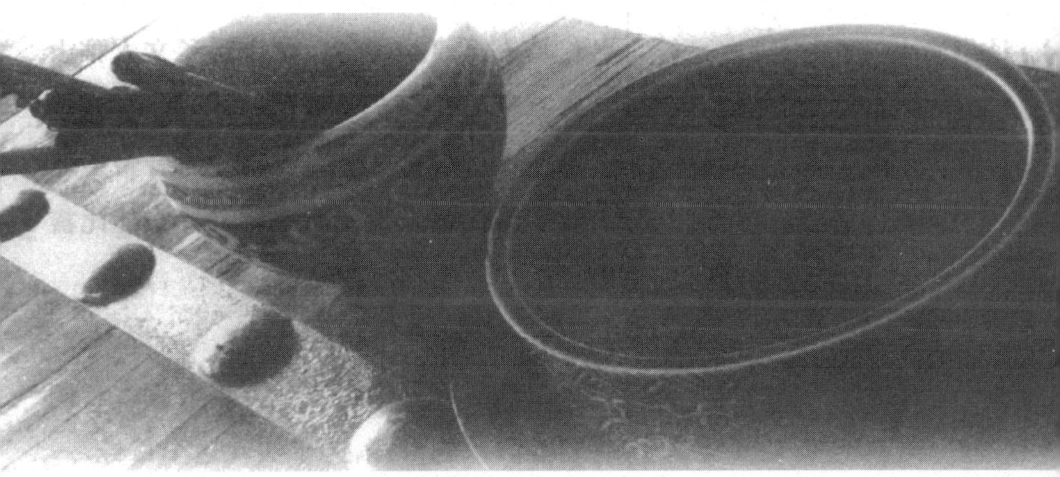

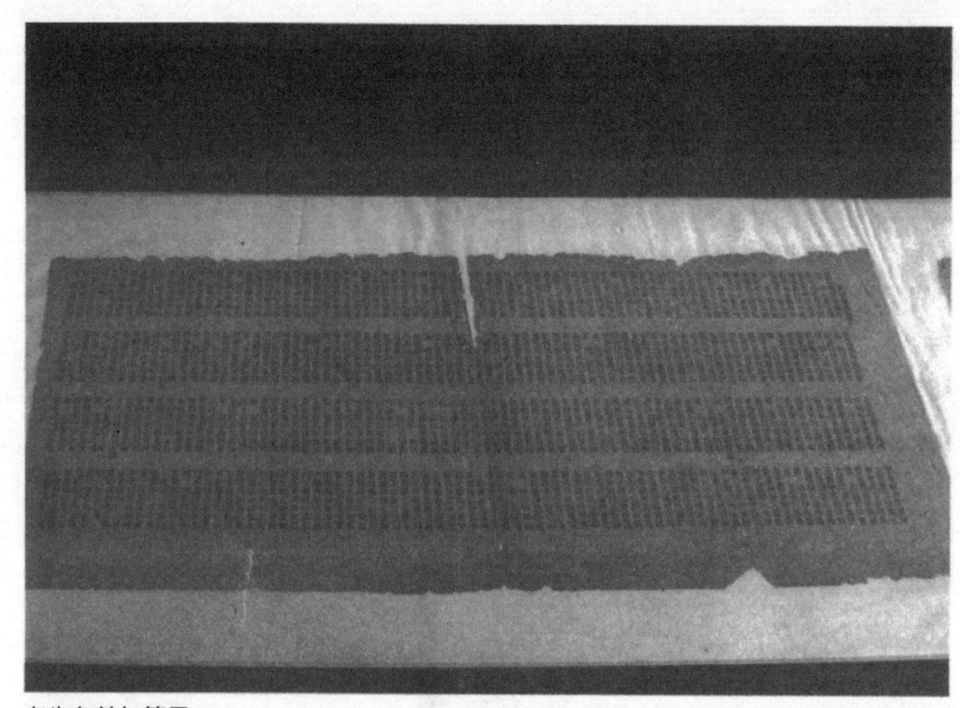

考生名单与籍贯

“一士登甲科，九族光彩新。”这是唐代诗人王建的诗句，它道出了文人雅士心系科场、万难不渝的根本所在。贫寒者希望通过科举平步青云，显达者希望通过科举使家族长盛不衰，有什么能比富贵利禄更有诱惑力呢？

1. 费尽心机为科举

能够中进士，是千百年来应试者们梦寐以求的目标，为了实现这个目标，一些人不择手段，费尽心机。明神宗万历三十八年（1610 年），浙江人韩敬中了状元。韩敬是做八股文的高手，擅长书法，是浙江的名士，但是，人们对他的夺魁却有很大的争议。著名的诗人钱谦益心里就愤愤不平，这位江苏常熟城里的才子，考个进士应该是很有把握的，但是他年少气盛，下决心一定要在科场夺魁，名扬天下。他博得了当时掌有实权的大学士叶向高的赏识，叶向高私下许诺殿试拟他为状元，钱谦益觉得还是不保险，又花了很多银子与一位宦官拉上了关系，以确保万无一失。可是，当传胪唱名时，第一名并不是钱谦益，而是韩敬，钱谦益连榜眼都没捞着，只得了个探花。可见想当状元的不只钱谦益一个，但是状元却只有一个，

榜眼试卷

于是便有很多人挖空心思拉关系，可是最后谁能得到这个状元的头衔，就要看谁的后台最硬了。

原来，这次会试的主考官是汤宾尹，他是韩敬的老师、国子监祭酒。这位昔日的解元很有活动能力，在朝中也有一定的势力。会试阅卷的时候，韩敬的卷子并不在汤宾尹所负责的房内，他硬是跑到其他的房里去翻找，其他的房官也是睁一只眼闭一只眼，与人方便，与已方便嘛！汤宾尹在别人刷下来的卷子里找到了韩敬的卷子，推荐录取还不算，硬是软硬兼施地要求副主考萧云举和王图取韩敬为会元。知贡举的礼部侍郎吴道南

科举考试试卷

鱼跃龙门石刻

当时很想奏报，但又觉得自己资历太浅，这么做弄不好会被人认为是排挤前辈，所以只好装聋作哑，做个顺水人情。人们觉得韩敬当了会元又得了状元，肯定是与汤宾尹有关系，但碍于没有证据，也只能作罢。后来汤宾尹因为官员定期考察结果不佳，把乌纱帽丢了，韩敬当了一年翰林院修撰，见势不妙，很快就借病辞职，事情也就这样算是过去了。

2. 考到白头终不悔

为了登龙门，多少痴心男儿一次又一次地加入科举的大军，多少人在蝇灯青案下耗尽了

光绪顺天府乡试朱卷

青春年华，熬白了满头黑发。唐代诗人元结35岁中进士还算“方年少”，浪迹科场几十年的才子比比皆是。晚唐诗人曹松、王希羽都是七十多岁才及第，一代诗圣杜甫纵横科场几十年，终究还是榜上无名，其中的凄苦与辛酸又有几人知晓！

康熙三十八年（1699年），广东省乡试，年近百岁的顺德人黄章也来参加考试。他让曾孙打着写有“百岁观灯”四个大字的灯笼，奔赴考场。同来参加秋试的士子们都很惊讶，上前询问，黄章回答说：“我今年99岁，还不

金榜题名大榜单

是得意的时候，等到102岁，才能取得好成绩。”这件事惊动了当时统辖广东、广西的督抚两台长官，他们请黄章吃了饭，并赠送了钱物。

乾隆年间，广东又出了一个百岁考生谢启祚。他在98岁的时候还参加乡试，按照当时朝廷的规定，他完全可以免试而请求恩赐，督抚也多次为他造册上报，但他自己却无论如何也不肯。谢启祚说：“科举是确立一个人名份的，我年纪虽然大了，但意志并不颓丧，你们怎么就能见得我这一生不能扬眉吐气呢？”这次乡试，他终于考中了。出榜以后，他开玩笑地写了一首《老女出嫁诗》：“行年九十八，出嫁不胜羞；照镜花生靥，持梳雪满头。自知真处子，人号老风流；寄语青春女，休夸早好逑。”他把自己中举比作了老处女出嫁，真是深得科场苦楚之后的由衷感叹。第二年，谢启祚又进京参加会试，皇帝特意恩赐了一个类似大学校长助理的司业官衔。乾隆五十五年（1790 年），逢皇帝八十寿辰，年逢 102 岁的谢启祚托福晋升为鸿胪卿。他活到将近一百二十岁高龄。

明代状元赵秉忠试卷

恩贡生题字匾额

像谢启祚这样的百岁老人，还能够写文章，最终凭着自己的实力考取功名，真是让人敬佩不已。在我国古代，有很多年岁已高的人，本身没什么才能，却仍然一门心思地参加科举，以图功名。宋人朱彧的《萍州可谈》中有一则故事，讲述了宋神宗元丰年间的一次特科殿试，一位七十多岁的应试者下不了笔，只好在试卷上写了一段话：“我老了，不能写文章了，敬祝皇帝陛下万岁万岁万万岁。”皇帝知道了，赞赏他的诚实，特地恩准给他一个最低级的初品官，让他得点俸禄颐养天年。清代陆长春的《香饮楼宾谈》里也记录了一件类似的故事。彭元瑞主持某地科举考试，有一个童生六十多岁了，交卷的时候跪在地上很久，他说："我从少年时代开始参加科举考试，至今已经考过了三十多次，眼看就要归西了，希望能够穿上生员的衣衫，享受到一点最后的光荣。"直到彭元瑞点头答应，老童生才从地上起来，结果公榜的时候，老童生被列为额外生员。听说彭元瑞在他的卷子上批了几句话："年在花甲外，文在理法外，字在红格外，进在额数外。"

当然，应试的白发人中也有一些落拓不羁、不违名节的人。《清稗类钞》记载

试卷批词

了这样一则故事，清代名士姜宸英善于写诗作文，连康熙皇帝也知道他的文章写得很好，但是他在科举考试上运气却很不佳，总是落第。有一天，康熙皇帝对侍臣说："听说江南有三布衣还没有踏上仕途，一个是朱彝尊，一个是严绳孙，还有一个就是姜宸英。"消息传出以后，姜宅门庭若市，京城来求文者络绎不绝。康熙皇帝下诏书开博学宏词科，江南人首先看好的就是姜宸英，可结果江南三布衣中只有姜宸英落选。后来，叶方蔼主持修《明史》，推荐姜宸英进入写作班子，朝廷任命姜宸英为翰林院纂修官，给予七品

科举试卷

陆游《钗头凤》

官的待遇，不久，又让他参与编写《一统志》。朝廷给予他这么大的期望与厚爱，可是他每次参加科举考试时却心不在焉，一次又一次因为喝醉酒被罚出考场，对科试随随便便没有给予足够重视。康熙三十六年（1697 年），姜宸英七十多岁了，参加科试时，试卷书写就违反了规定。阅卷的官员见了叹气说，这位老先生今年再不被录取的话，恐怕就要绝望地回去了。于是替他改正，使他得上了名次。后来康熙皇帝特意将他提为第三名，赐进士及第，他总算没有遗憾终身。

3. 棒打鸳鸯为应举

我国宋代著名的爱国诗人陆游曾经写过一首《钗头凤》，记录了一段凄楚幽怨的爱情悲剧，拨动了无数痴男怨女的心弦。

陆游出身在浙江山阴一个世袭官僚家庭，母亲唐氏出身江陵的名门望族。陆游20岁时，由父母做主，娶了表妹唐婉。唐婉是陆游舅舅的女儿，亲上加亲，门当户对，在古代是一桩十分理想的婚姻。陆游对自己的这门婚事也非常满意，从小就和表妹唐婉亲密无间，唐婉美丽聪慧，受过良好的教育，也喜欢吟诗作文，与陆游情投意合，婚后生

沈园一景

沈园一景

活甜甜蜜蜜，夫唱妇随，非常幸福。可是这样的日子没过多久，陆游的母亲就对唐婉横加挑剔，处处责备，最后竟然逼着陆游与唐婉离婚。

陆游像

那为什么自己选定的婚事，却要出尔反尔呢？原来，小两口如胶似漆，触忤了陆游母亲希望儿子专心应举、早登科榜的意愿，她觉得儿子的魂都被唐婉勾去了，根本没有心思读书。陆游 12 岁时诗文写得就不错，20 岁时写的一首《菊枕》被人传诵，陆游的父母认为这么优秀的儿子，考取科

沈园风光

名是不成问题的，陆游十四五岁的时候就考过一次，结果没有如愿，18岁的时候又考了一次，仍然没有考中。望子成龙的父母怕儿子贪恋爱情，荒废学业，断送前程。在母亲一次次的斥责下，陆游只得忍痛休妻。起初，陆游瞒着母亲在外面租了一个房子，把唐婉安顿下来，经常去偷偷约会，没想到被母亲发现，最终只好挥泪诀别。过了两年，父母为陆游娶了王氏为妻，唐婉也改嫁了赵士程。

绍兴二十三年（1153年），陆游29岁，礼部试取得了第一，可是殿试却落榜了。过了两年，陆游来到了故乡禹迹寺沈家花园踏春，碰巧唐婉与赵士程也来到了这里。唐婉从远处看到离别十年的前夫独自踏春，又惊又喜，她与丈夫赵士程商量，叫家童给陆游送去一份酒肴以致意。陆游收到这份不寻常的礼品，百感交集，几杯酒下肚，提起笔，在沈园的墙壁上题下了那首倾注血泪的《钗头凤》“红酥手，黄滕酒，满城春色宫墙柳。东风恶，欢情薄，一怀愁绪，几年离索。错！错！错！春如旧，人空瘦，泪痕红浥鲛绡透。桃花落，闲池阁，山盟

沈氏园

沈园一景

虽在，绵书难托，莫！莫！莫！”

唐婉看见园壁上的题词，哀伤满怀，回家后也和了一首：“世情薄，人情恶，雨送黄昏花易落。晓风干，泪痕残，欲笺心事，独语斜栏。难！难！难！人成各，今非昨，病魂长似秋千索。角声寒，夜阑珊，怕人寻问，咽泪装欢。瞒！瞒！瞒！”行行苦水，字字凄凉，这之后没多久，唐婉就忧郁成疾，离开了人世。唐婉的死去，给陆游带来了沉痛的打击，晚年陆游每年都会来到禹迹寺，寄托哀思，写下了一篇篇《沈园》诗。这段因

王维塑像

为科举而引发的肠断心碎的凄美爱情悲剧，可谓是家喻户晓。

4. 千方百计争解元

科举考试是一场没有硝烟的战场，它不仅是知识与智慧的较量，更是社会关系，官场势力的角逐。薛用弱的《集异记》里记载了我国著名田园诗人王维夺取京兆府解头的故事。王维年少聪慧，能诗善文，他打算参加京兆府进士科的贡举选拔考试——解试。当时，丞相张九龄的弟弟张九皋也要参加这次考试。张九皋的名气很大，又有靠山，而且皇室的妹妹还特意为他写了推荐信，让京兆府长官取他为解头。王维听到这个消息以后，非常着急，情急之下，他想到了岐王李范，岐王是皇室宗亲，爱好音乐，王维精通音律，弹得一手好琵琶，很得岐王的赏识。岐王听了王维的苦恼，很想帮他一把，对王维所处的形势进行了详细的分析，因为张九皋的靠山很强，不能硬碰硬，只能智取，他们精心地策划了一个计谋。

几天以后，岐王为王维换上了一套华丽的服装，让他带着琵琶和自己一起去公主家。岐王声称是特意来陪公主宴饮的，

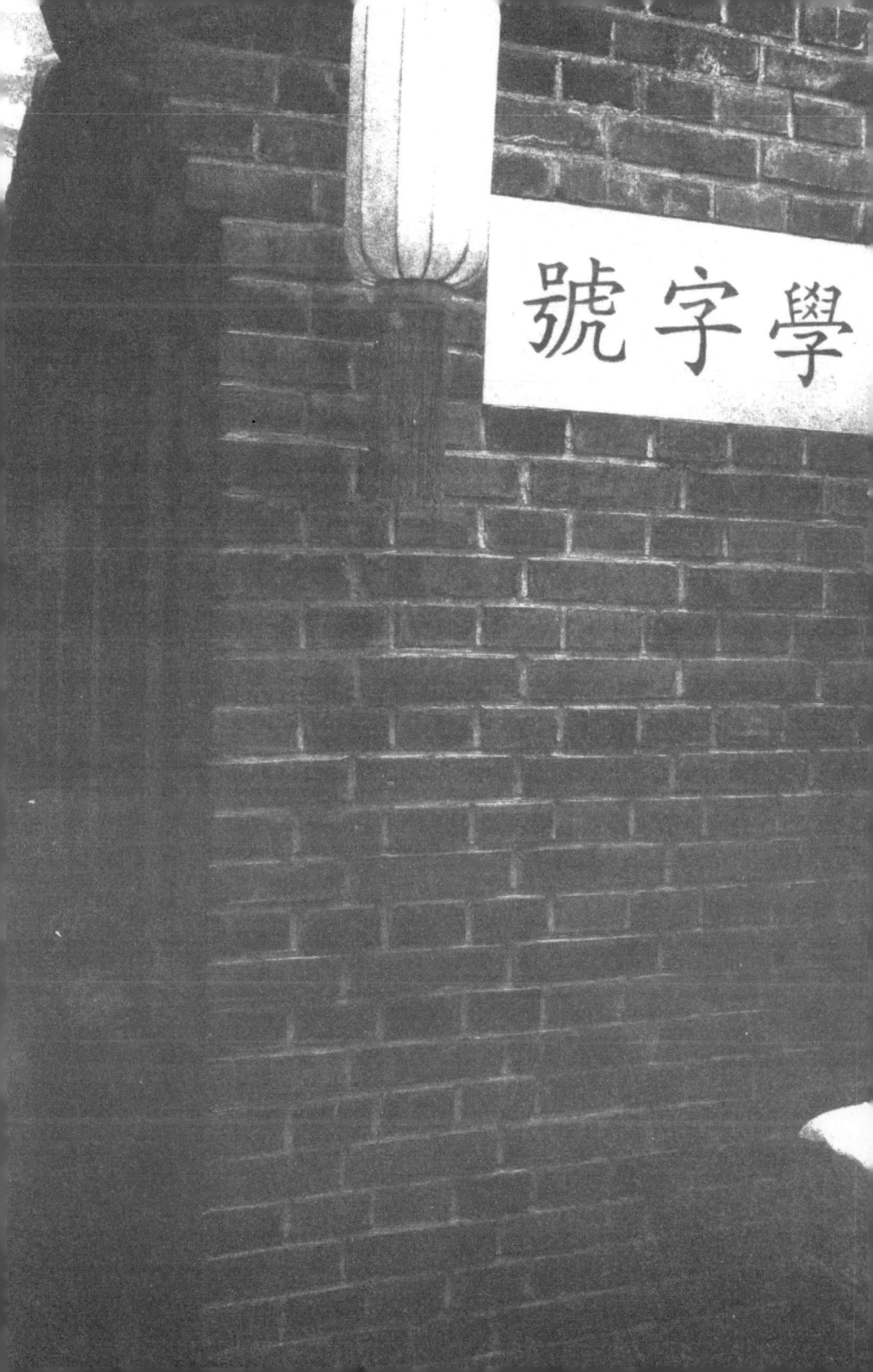
學字號

公主非常高兴。入席后，岐王让王维弹奏琵琶，不到二十岁的王维风华正茂，姿态翩翩，立刻吸引了公主的目光。王维的一曲“郁轮袍”弹得如泣如诉，哀怨悱恻，深深打动了公主的心弦，公主赞不绝口。岐王看公主这么高兴，趁热打铁，告诉公主说，这个年轻人不仅会作曲弹琴，还写得一手好诗，公主问他是否带着作品来，王维掏出准备好的试卷呈给公主。公主看后更是赞叹不已，原来公主早就读过这些诗词，一直以为是古人的佳作呢，公主连忙把才华横溢的王维让到自己的身边一起饮酒。

笔墨纸砚是考生必不可少的用具

博取功名，皓首穷经

岐王见时机已到，便故意对公主说，如果京兆府能够举送这样的年轻人，那才是国家的幸运啊。公主很诧异地问他为什么不去考一考，岐王说，王维很有志气，当不了解头绝对不去考试，听说公主已经推荐了张九皋，所以就不准备应试了。公主听了，连忙摆手，说她也是受人请托，没关系，改过来就是了，她告诉王维只管去考，她会推荐他为解头。从此，王维平步青云，不仅做了京兆府的解头，后来又成了礼部试状元，少年得志，很是风光。

状元及第榜

从这个故事中，我们可以看出，古代人为了达到自己的目的，会绞尽脑汁，千方百计地去想办法，不管多有才华，如果没有强有力的靠山，还是会怀才不遇的。

5. 太监洋人齐上阵

在参加科举考试的大军中，有些人显得格外引人注目，按常理来看，这些人是不能走科举之路的，但是，他们却走得很坦然，很容易。

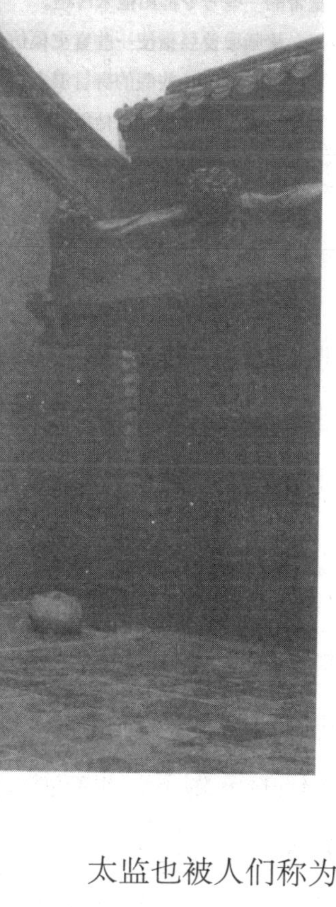

科考必读的四书五经与八股时文

太监也被人们称为阉竖，他们在被割去生殖器官的同时，也被剥夺了很多做人的权利。虽然可能会得到万千宠爱，但却蒙上了不可磨灭的羞耻，梁师成是宋徽宗时期的太监，他十分诡诈，而且深得皇上的宠爱。梁师成从小练过书法，刚开始的时候在宫中管管书艺作品之类的事务，后来靠奉承拍马，赢得了皇帝的欢心，成为侍从皇帝左右的亲信，皇帝的一些号令都由他来传达。

考生试卷

梁师成曾经指使一些官吏模仿皇帝的字体，制造一些假的御旨混杂在真的御旨中传达给大臣们，他就靠着这样的卑鄙手段，成为了“隐相”（隐蔽的宰相），就连真的宰相也要来巴结他。宋徽宗统治期间，大开科举之门，差不多每次录取的人数都达到了六七百人，梁师成也不甘示弱，加入了应试者的行列，像他这样的人考官怎么敢得罪呢？他理所当然地成了进士。又过了十五年，梁师成又让跟随他的小太监储宏去考进士，同样也进士及第。

对于科举大军中的洋人，人们则是另眼相看。在隋唐时期，经常有外国人到我国来留学，我们对外国留学生的态度非常友好，他们在中国文化的熏陶下，也被科举深深地吸引了，纷纷加入了应举的行列。其中最出名的还属日本的留学生阿倍仲麻吕，他的中国名字叫晁衡。他在国子监读书，成绩优异，科举登第，并在朝廷里任职，他在中国生活了五十多年。曾经还有朝鲜、越南等国的留学生在中国参加了科举考试，有的授予了官职，有的及第后归国，他们都为中国与各国之间的文化交流作出了巨大的贡献。

五　五花八门的作弊手段

由于科举考试的成功在一定程度上保证了一生的富贵荣华，因此不少人企图以作弊的方式在科试中取得好成绩。最常见的作弊有夹带、贿赂、代考等。功名利禄的诱惑是谁都难以抵御的，考场舞弊作为考试制度的衍生物，一直伴随着科举的成长。考试制度越缜密，舞弊就越猖獗，作弊手段也就越繁多。

1. 夹带

夹带是科举考试中最常用的作弊手段，搜查夹带也是科场关防的主要任务。夹带的东西无外乎是跟考试内容有关的经书典

考生将与考试有关的内容写在衣服上

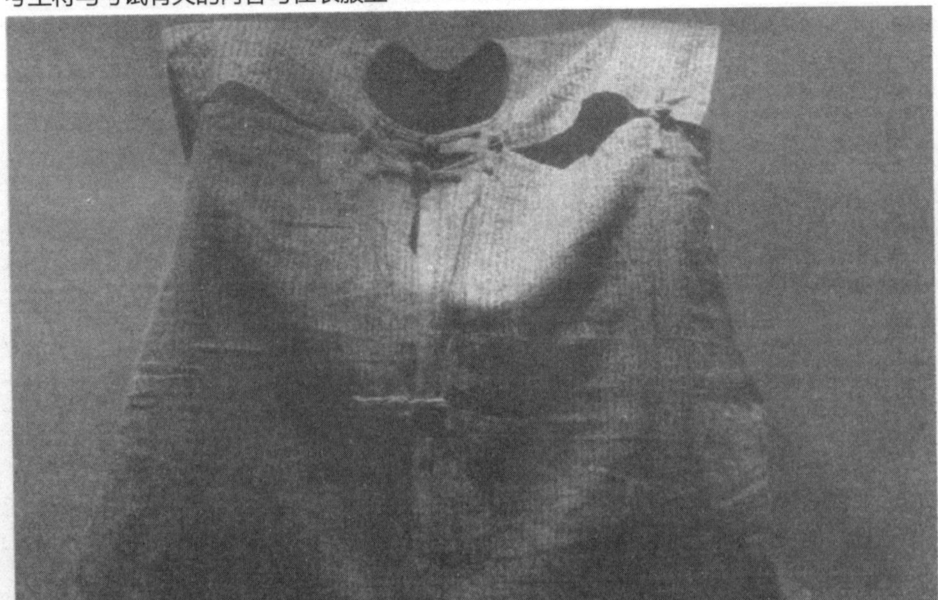

考生接受检查

籍，或是前人高中者的优秀例文，或是好事者猜题拟作的范文等。

唐代的科举考试已设有兵卫，以阻止夹带作弊。从宋代起，考试在贡院内进行，贡院内考生之间是以墙壁隔开的，称为“号舍”。考生不可以喧哗，以防止传卷或传话。但是

夹带

夹带这种作弊手段始终是屡禁不止，层出不穷。常见的方法是将经文藏在衣服鞋袜里，或索性写在衣物、身体上以及其他各式随身物品上，包括文具、食品、蜡烛等等都曾被当做夹带的工具。明清的科举考场监督十分严格，要求达到“片纸只字皆不得带入试场”的程度。纵观千年科举史，科场作弊与反作弊，就如同一对双胞胎，从科场开设的那天开始，便形影不离。在功名利禄的巨大诱惑下，还有很多人铤而走险，所以科场大案和各种丑闻在历朝历

科举考试中作弊用的夹带

代几乎都没有停止过。科场防范措施越严密，作弊手法也就越高超。

除了在进场前由兵卫仔细搜查外，乾隆时更下诏详细限定考生带入考场的各式物品的规格。夹带规定：应试者的衣服鞋袜必须用单层的，皮衣服要去掉布面，毡衣要去掉布里子，砚台不准过厚，笔管要求镂空的，水壶要用泥瓷的，木炭不得超过二寸，烛台须用锡制的、单盘的、台柱空心通底，糕饼之类要切开，考篮须编成玲珑格眼式，等等。宋代规定，查出夹带，要赶出考场，罚停考

清代宫门抄

一次，但是宋代搜检并不是很严，曾经要求考生解衣检查，后来又停止执行了。明代以后搜检越来越严格，解衣检查不必说，有时还会让考生裸体赤脚，甚至盘在头顶上的发辫也要解散来检查，更甚的是连肛门也要扒开来看一看。被查出来的考生，轻的当众挨棍棒，取消考试资格，重的就要遣送边远的地区充军。但科场舞弊始终未曾被彻底而有效地制止住。有这样一个传说，一次会试中有举人把夹带的书本掉在地上，奉旨检查的亲王却为他掩饰，说：

“何以携账簿入场！”有这样的亲王又怎能彻底地制止住舞弊现象呢？

对夹带作弊最痛恨的皇帝莫过于清代的乾隆了。乾隆皇帝登基以后，对于日益猖獗的舞弊现象非常恼火，下决心要好好整治一下。乾隆九年（1744 年），他首先拿历年问题最多的顺天乡试开刀，命令亲王大臣们制订严格的搜检程序，并且悬赏，抓到一个夹带者，赏银一两。对抓获的舞弊者，用枷锁铐起来示众。这下可把准备舞弊者给镇住了，快到中午的时候，入场的考生也没有几个。眼见这样的情形，乾隆皇帝又下令把所有的考生通通放进来，自己亲自出考题，结果有

考生进场要接受严格的搜查

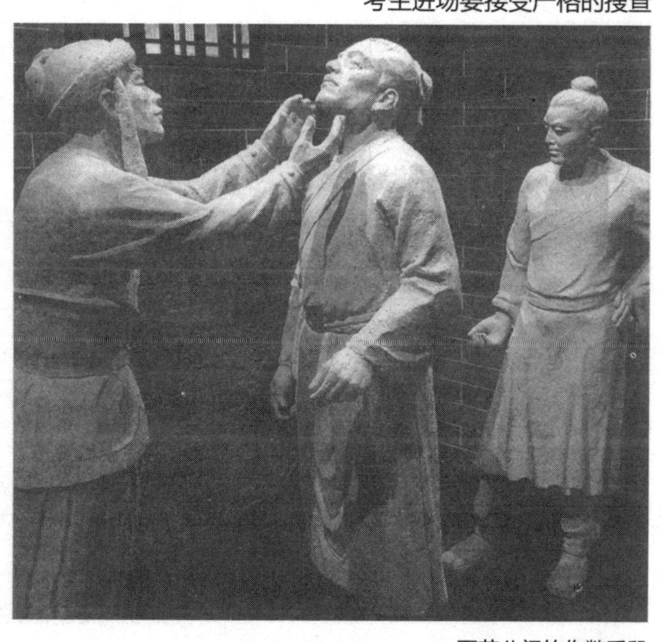

两千多人交了白卷。乾隆皇帝为此下诏，痛责舞弊歪风，并裁减各省会试的名额，后来对夹带的检查越来越严格，处罚也越来越重。

2. 贿赂

俗话说“有钱能使鬼推磨”，金钱同样能使意志薄弱的考官们失去公正，也能使利欲熏心的考官们肆意妄为。唐代王泠然在给燕相国的一封信中说：“今之得举者，

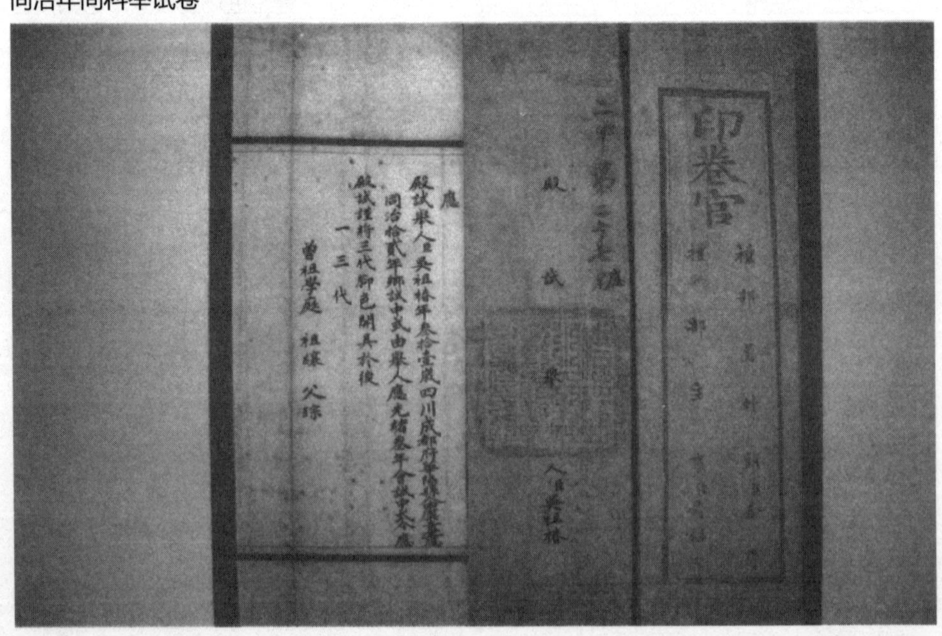

同治年间科举试卷

古代最大的科举考场——江南贡院

不以亲，则以势，不以贿，则以交。”

《旧唐书》中记载了一件宰相受贿请托的事情。在长庆元年（821 年），礼部侍郎钱徽任知贡举，宰相段文昌找到他，要他录取刑部侍郎杨凭的儿子杨浑之，翰林院学士李绅也托钱徽录取周汉宾，结果录取的十四个人中没有杨浑之也没有周汉宾，段文昌丢了面子，不禁大怒。因为他已经接受了杨浑之的很多礼物，段文昌喜欢图书字画，杨浑之投其所好，把家藏的珍贵字画都送给了段文昌。段文昌到皇帝面前告了钱徽一状，说他徇私不公，选的人都是平庸之辈。原来，

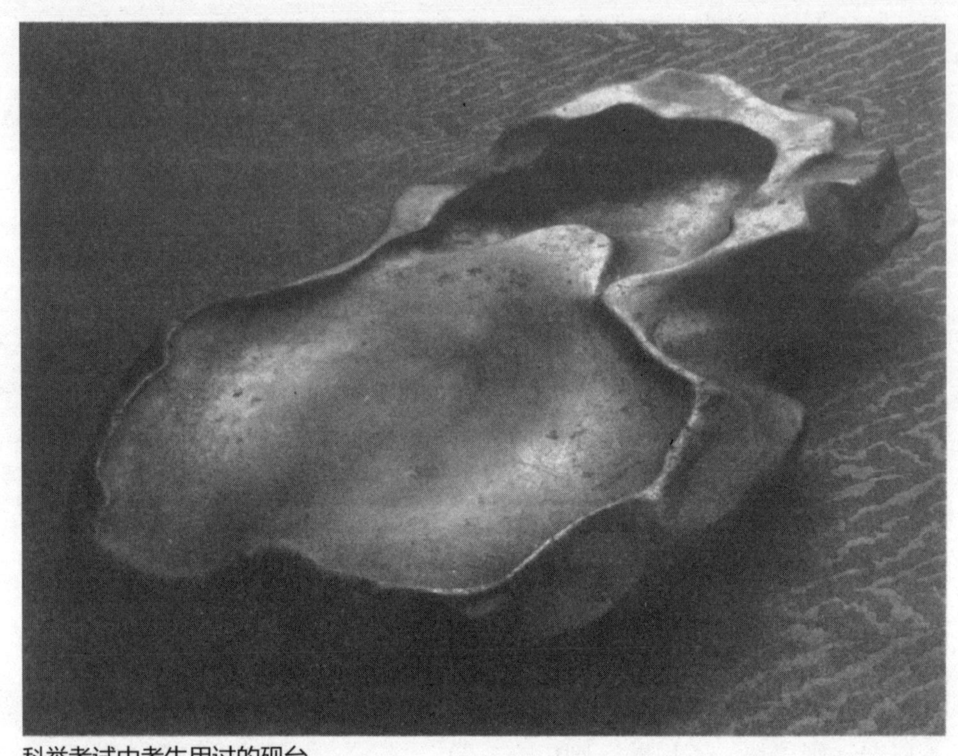

科举考试中考生用过的砚台

录取名单中，有钱徽故旧好友李宗闵和杨汝士的亲戚。唐穆宗刚刚上台，对这类事情还摸不着头脑，于是便询问学士元稹和李绅，李绅一肚子火气正没地方发呢，只好咬钱徽一口，元稹过去也同李宗闵有过不愉快，所以就与李绅串通一气，证明段文昌说的是事实。于是，唐穆宗命令大臣王起和白居易主持复试，先中选的十四人中，有十人落选。钱徽因此被贬去江州，李宗闵和杨汝士也被贬出京城。有人劝钱徽把段文昌和李绅请托的信件交上去，揭发他们打击报复的阴谋，但钱徽没有这么做，却把信件烧了。人们说钱徽大度，其实他也是怕朝廷查出他的一些不法事情。宰相段文昌，自己受了贿赂，没有达到目的，就加害别人，真是可恶至极。

像段文昌这样的贪官大有人在，甚至有些贪官会主动到各考生家索要贿赂，如果给得少，他们就会再次上门，以各种借口继续索要，比如某某官员对你不满意，某某当权者不想录取你等等。考生没有办法只好再送钱物，有的人把带来的钱用光了，为了能够被录取，只好变卖衣物来贿赂官员。

科举考试考生用的考篮

历朝历代都明令禁止行贿受贿，然而却总是有人以身试法，朝廷对贿赂的处理非常严厉，一般都是斩首，并没收财产，父母妻儿流放，在这样既严又狠的治理下，贿赂的案件还是屡禁不止，法律的威慑还是抵挡不住金钱的诱惑，贿赂就像瘟疫一样，始终伴随着科举考试。

贡院

科举考试中作弊手段很多

3. 代考

自从有了科举，就有代考。据说唐代已经是“入试非正身，十有三四”，可见代考的人数之多。能替别人考试的人，都是有一定才华的，之所以替别人考试，或是为金钱，或是为私情，或是为义气。

北宋大文学家欧阳修也曾经为人做代考，不过他是因为动了恻隐之心，偶一为之。王铚的《默记》里是这样记载的：天圣八年（1030 年）会试的时候，一个姓李的考生突然患病，头晕目眩，在其他考生的劝说下，勉强进了考场。第一场考诗赋，开考没多久，李某就头晕眼花，伏在桌上昏睡。过了中午，突然有人在他的腋下捅了一下，李某惊醒过来，发现原来是邻座的考生。邻座的考生问他为什么还不下笔，李某告诉他自己生病了，那位考生说，能够进会试场是多么不容易的事情，既然来了，就打起精神，坚持一下吧。在邻座的鼓励下，李某稍稍振作，试着拿起笔写字，感觉还可以。这时，邻座考生把题目中涉及的典故出处一一告知，过了一会儿，干脆把卷子推了过去，

考场作弊用的夹带

放在李某面前说："我是解元欧阳修，你尽管拿去看，掺杂着用其中的句子，没有关系的。"李某见欧阳修这样宽厚，异常感动，脑子也逐渐清醒，开始写诗赋。第二场和第三场照旧，李某坚持完成了全部的考试。等到成绩公布的时候，欧阳修第一名，李某也是名在上列，都中第了。李某对欧阳修感激不尽，请人画了一幅欧阳修的像，放在家中供案的祖宗牌位旁边，像对待父母一样地供祀。为活着的人供祀，在古代是最高的敬崇

欧阳修曾做过代考

了。

唐代科场纪律较为松弛，所以代考现象比较猖獗。宋代中期以后，科场纪律逐渐严格，代考的事情就比较难了，而且一经发现，处罚非常重。朱国桢的《涌幢小品》记录了明万历四十四年（1616 年）会试的一桩代考案。这次考试共录取了三百五十名，第一名是沈同和。结果一公布，议论四起，有的人用泥巴涂去了沈同和的名字，还有的人聚在皇宫门口投诉。原来，沈同

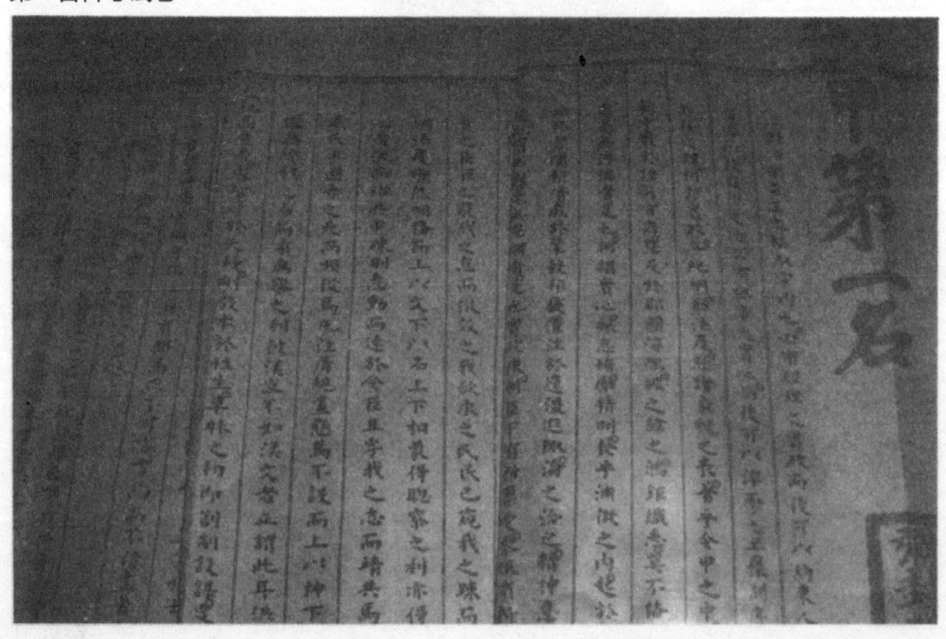

第一名科考试卷

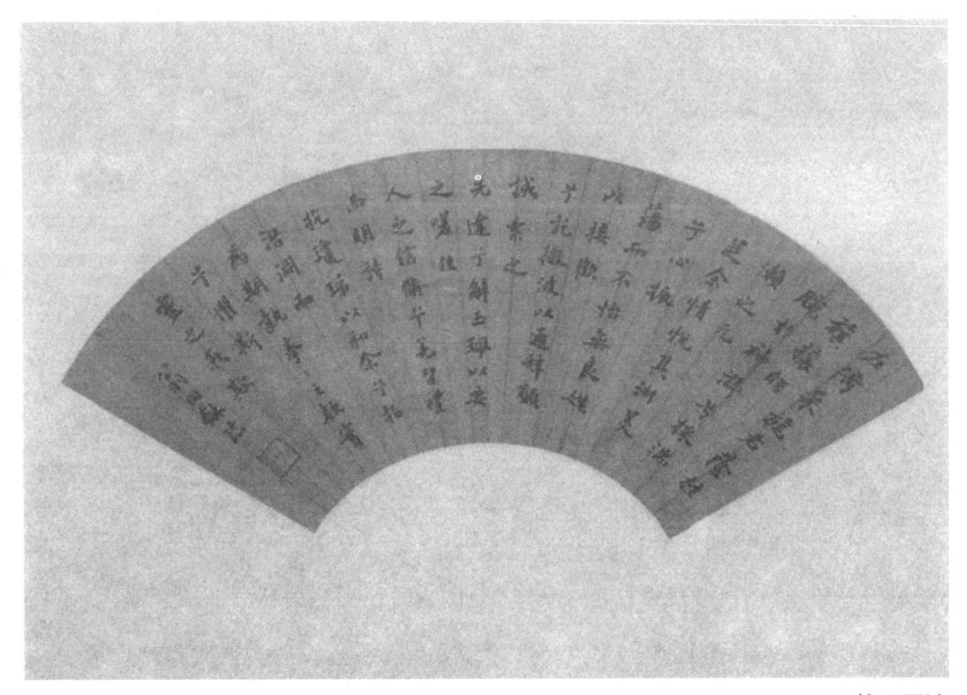

状元墨迹

和是吴江人，父亲在河南当巡抚，他不闻诗书，连字也不认识几个，这样的人怎么可能中会元呢。神宗下令礼部对录取者进行复试，想看个究竟。复试时，沈同和连题目都看不明白，自然交了白卷，不用说，作弊无疑。沈同和被抓了起来，送到刑部拷问，打得皮开肉绽，才不得不吐露实情。原来，他的卷子是同乡赵鸣阳代做的，赵鸣阳同榜取在第六名。经过进一步调查，乡试时也是赵鸣阳

科举考试考生必读的书籍

代考的。真相大白以后，神宗降旨，削去沈同和会元之名，发配充军，赵鸣阳革去举人资格，发配充军。沈同和发配充军是罪有应得，可是赵鸣阳却十分可惜，为了一点点钱，就葬送了自己的大好前程，令人惋惜。

4. 依权杖势

我国封建社会是以权力为中心的社会，依权杖势的现象经常发生，在科举考试上也不例外。贞元五年（789年）礼部侍郎刘太真任知贡举，此人仰权贵鼻息，取士全看门第，只要是宰相、大臣和方镇藩王的子弟及亲戚，他都会首先录取。大中十四年（860年），中书舍人裴坦任知贡举，三十个及第者差不多都是权贵子弟，只有一个出身贫寒的陈河被列在最后一名做做样子。有些权贵甚至把名单直接交给知贡举，让他照录，连名次都

青花瓷印盒

聖旨

是排好的。有些知贡举想摆脱权贵的束缚，却总是自己遭殃。建中初年，礼部侍郎令狐峘任知贡举，因为没有按照宰相杨炎的要求录取，被贬到了衡州。宪宗元和十五年（820年），礼部侍郎李建知贡举，因没有满足权贵的愿望，被调到刑部。

古代科举考试时的“作弊鞋”

权贵们以权势营私舞弊，知贡举还得小心从事，要为他们打掩护。《册府元龟》记载，唐贞元十一年（795年），礼部侍郎吕渭任知贡举，他巴结当时掌握财政大权的裴延龄，接受了裴延龄的请托，虽然裴延龄的儿子裴操水平很差，但还是把他录取在上第。由此吕渭又安安稳稳地当了三年的知贡举。后来吕渭不慎将裴延龄请托的信件遗失在外面，泄露了舞弊的事实，吕渭才被贬到了潭州。科场成了权贵们争相操纵的舞台，慑于他们的淫威，知贡举官也只能是任由摆布，百姓更是敢怒而不敢言。

5. 其他的作弊手段

除了上述作弊手段以外，还有考官作弊，泄露考题，这种现象在科举考试中时有发生。封演在《封氏闻见记》载有唐高宗龙朔年间董思恭泄露考题的案件。董思恭是当时的宫廷秘书右史，被任命为知贡举之后，他向考

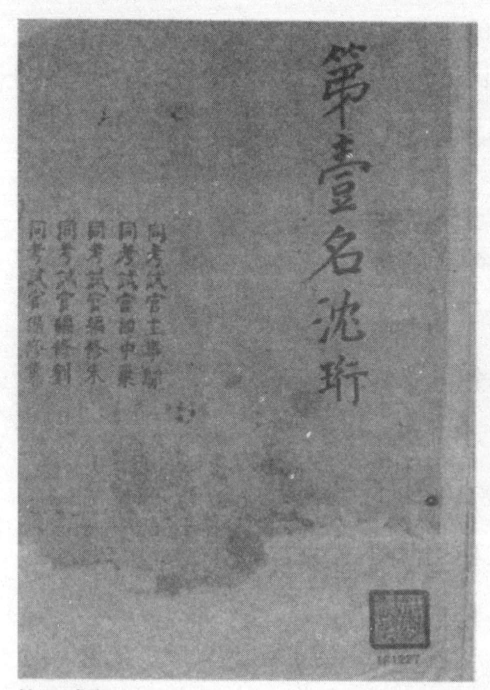

状元试卷

生泄露策问的题目，被人揭发，按其罪行本来是要被处以死刑的，因为董思恭告发了别人阴谋叛乱，才得以幸免。唐宣宗大中九年（855 年），也发生过一桩漏题事件，被人揭发以后，相关人员都受到了处分，有的被罚钱，有的被贬职。

考场上传纸条、送信息，这样的方法应该是古往今来沿用不衰的舞弊手段了。康熙五十一年（1712 年）会试，顺天乡试解元查为仁给他人传纸条，被抓住后，引起了康熙皇帝对考试质量的怀疑，他觉得会试中靠别人代作的大有人在，于是下令增加复试。他还亲自到畅春园主持复试，结果刷掉了原来被录取的五人。从此以后，会试之后，殿试之前进行一次复试便成为了惯例。

漏题也是科举考试曾经出现过的舞弊手段之一。虽然官员们被任命知贡举以后要被隔离，但是在接到任命以后到前往贡院“隔离”这段时间，是属于考官自己的，如果想漏题，只管叫个下人送出去即可。《鹤林玉露》就曾经记载了苏轼当考官时漏题的故事。

苏轼担任考官时曾发生过漏题事件

夹带袜

苏轼曾在主持礼部考试之前，托人将一篇文章送往李家。而李廌恰好有事外出，他的仆人将苏轼的文章放在桌上。送书信的人离开不久，章惇的两个儿子章持和章援来李家拜访，看见放在桌上的文章，感觉文笔很好，喜出望外，拿回去认真揣摩。李廌回家之后，不见苏轼的文章，心中怅惋不已。考试时，试题果然与苏轼所写的文章十分类似。章持、章援模仿苏轼的文章挥笔而就，而李廌却表现不佳。

考官与考生串通起来舞弊，也是科场

贡院模型

上时而发生的事情。双方约定好记号，考生在卷中标出记号，考官见到记号以后会给予好成绩。显然，作弊的手段高明与否，就要看记号作得怎么样了。这种通过作记号的方式进行的作弊被称为“通关节”。宋以后，“通关节”的技术也随着科场规章制度的严密而越来越高明、越来越隐蔽，还出现了一个专门术语“用襻”，“襻”就是旧时衣服上扣住纽扣的套。往往约定的记号为两个字，好像古代衣服上的襻扣。钟毓龙《科场回忆录》记载了这样一个有趣的故事，杭州有个叫冯

清代书箱

培元的探花，为了报答曾经资助他完成学业的富人的厚恩，想让这位富人的儿子考上，就帮他与人约定在答卷中写两个“襻”字，富人得到“襻”字以后，心花怒放，还特意以重金聘请一位誊录书吏来誊录试卷。考试结束后，富人又热情款待誊录书吏。在酒酣之际，这位誊录书吏得意扬扬地向富人邀功，说发现试卷中有两个字不通，帮着改掉了，而这两个字恰好就是用于通关节的“襻”字，这位富人气得把酒桌掀翻了。好不容易弄来通关节的“襻”字，又被改掉了，真是弄得人哭笑不得。

六　科举人物的喜怒哀乐

洞房花烛夜，金榜题名时”，这是千百年来读书人最向往的幸福时刻，能成为驸马爷更是连做梦都梦不到的美事儿，自古以来，民间就经常把驸马与状元这两个词联系起来，好像中了状元就可以做驸马了。但实际上并非如此，能够成为驸马的状元屈指可数，而且，驸马也不是那么好当的。

《新唐书·白敏中传》中记载了唐代郑颢被招为驸马的事情。这桩婚姻的撮合者是白居易的弟弟、宰相白敏中，他为了投合唐宣宗为最宠爱的女儿万寿公主物色士族驸马的心思，把正在迎亲路上的郑颢推

书院考试卷

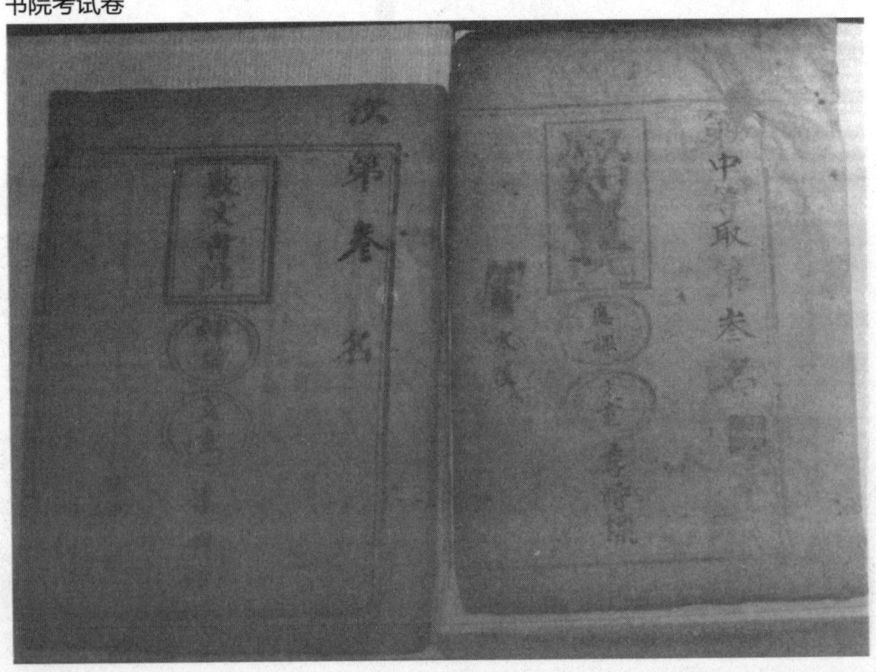

奉天承运内阁笔记本

荐给皇帝。宣宗见郑颢出身名门，又中过状元，非常满意，立即将郑颢召回京城。本来郑颢早有婚约在身，正打算迎娶卢家的千金。可是这位年轻英俊的状元被皇上看中了，非要将自己心爱的女儿万寿公主许配给他，郑颢偏偏不爱公主，非娶与自己青梅竹马的卢家小姐。唐宣宗便让宰相白敏中说服他，白敏中费尽口舌，又多方威逼利诱，郑颢无奈，只好退婚，改娶皇帝的女儿。做皇帝的乘龙快婿，人们总认为这是天堂般的生活，其实不然。郑颢和公主婚后的生活并不幸福，处处受到约束，时时要看公主脸色，特别是驸马的父母也得跟着受罪，因为按照朝廷的规定，公主是不能侍奉公婆的，公主对待公婆就像对待平辈一样。有一次，郑颢病重卧床，万寿公主竟然去慈恩寺看戏，宣宗知道后，也深有感慨，怪不得一般的士人都不愿意同皇帝结亲呢。郑颢对白敏中撮合的这桩婚事一直耿耿于怀，后来他多次弹劾白敏中，幸好唐宣宗自知理亏，替白敏中压下了弹劾的奏章。

“今日科场折桂,来日就能着紫配金”，每当进士榜一揭晓，权贵们就忙着打听新进士中有多少闺男、何方人士等等。彭乘

贡生考试场景

装饰有冬日梅花的漆砚台

的《墨客挥犀》描述了一则非常有趣的故事。某次进士榜公布了以后，一位大官看中了一个很帅气的新进士，就让一帮随从把新进士簇拥到了他的府上，大官向新进士提出，要把女儿许配给他。新进士恭恭敬敬地鞠了一躬，表示非常感激，说如果能够高攀当然十分荣幸，不过，他要先回家去和妻子商量一下再说。在场的很多围观者一起笑了起来。这位大官还算好的，因为他并没有为难新进士。在很多时候，权贵们为了达到自己的目的，往往软硬兼施，威逼利诱，胁迫新进士就范。

七　发人深省的科举奇闻

五口调色盘

《太平广记》

太平廣記卷一　天都黃　晟曉峰氏校刊

老子　木公　廣成子

黃安　孟岐

老子

老子者名重耳字伯陽楚國苦縣曲仁里人也其母感大流星而有娠雖受氣天然見於李家猶以李爲姓或云老子先天地生或云天之精魄蓋神靈之屬或云母懷之七十二年乃生生時剖母左腋而出生而白首故謂之老子或云其母無夫老子是母家之姓或云老子之母適至李樹下而生老子生而能言指李樹曰以此爲我姓或云上三皇時爲玄中法師下三皇時爲金闕帝君伏羲時爲鬱華子神農時爲九靈老子祝融時爲廣壽子黃帝時爲廣

犹如许多文化现象一样，科举也渗透到了社会生活的各个方面，影响到人们的价值判断、行为准则以及风俗习惯等，许多科举奇文更是发人深省。

1. 神灵保佑中状元

在唐代，应试者喜欢占卜问卦，一般在考前都要来算上一卦，或是图个吉利，或是讨个心理安慰，所以唐代算卦看相的行当非常红火。《太平广记》里有这样一则故事，唐代有位范生在长安东大市场的铁行设摊卜卦，人们都说他卜卦非常灵验，

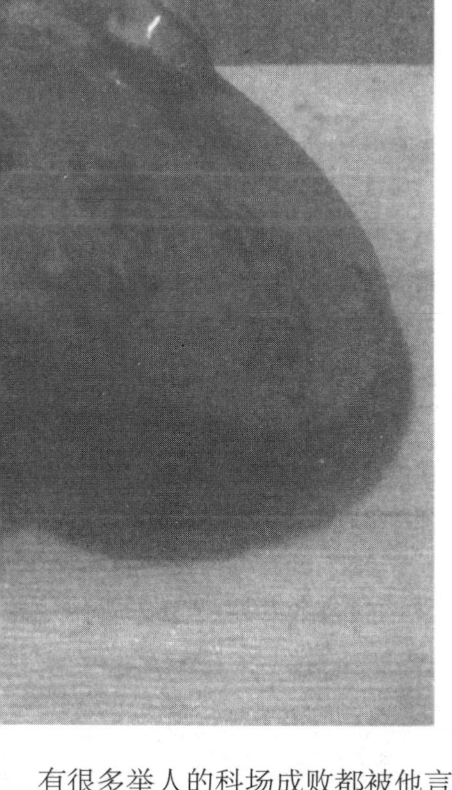

科举试场

有很多举人的科场成败都被他言中。有个从江南来应试的富家子弟郑群玉，诗赋一般，人却很高傲，认为自己一定会得冠。一天，他带着仆人，骑着高头大马来找范生算卦。他出手非常阔绰，给了范生三千钱，还有很多名贵的江南特产。老谋深算的范生当然明白这个富家子弟的心思，所以就顺着杆子爬，说他大吉大利，郑群玉听得心花怒放，又送给范生很多珍贵的礼物，还请范生喝酒。可是，拿到诗卷的郑群玉当时就蔫了，一个字也写不出来，最后只好交了白卷。

在明代，应试者在考前都要去庙里上香祷告，希望自己高中。有个吕公堂是一座建于明成化初年的小庙。庙虽小，可是它竟然得到了万历皇帝的赐名——护国永安宫。据说，这里的求愿方式与别处不同，别处都是许个愿，或是求个签，而这里是祈梦求愿。有人说是吕公堂内有一梦塌，求愿者躺在塌上，在梦里求神仙保佑，就会得偿所愿，也有人说是求神仙托梦给自己，总之，在这里求愿，都是要在梦里进行的。

富家子弟赶考有书童挑书箱

吕公堂北去不远，就是科考的考场贡院。春秋两季进京赶考的各地学子为了考中，纷纷来这里祈梦求愿。据传说，明万历年间，高斗光来京赶考，到吕公堂求愿，回到住处，梦见道士对他说：“你与高斗光同年。”高斗光答：“我就是高斗光。”道士说：“你是高道素。”高斗光从梦中醒来，感到非常诧异，就按照道士的指点，改了名字。后来发榜，高道素中了第三十六名，而同一榜上的高斗光则是第九十名。高斗光到吕公堂求愿的消息一下子就传开了。考生们坚信，吕公堂的神仙是最灵的。于是每到考前，吕公堂里热闹非凡，全国各地的考生云集于此，祈求考中。其实到吕公堂求愿，到底有多灵，谁也说不准，但是它在考前带给应试者们的心理安慰却是巨大的。

科举考试作弊用夹带

2. 才子有德方及第

在《科场异闻》中记载了这样一个故事，明宣宗时期，曹鼐在江西泰和做管治安的典史，据说他是一个出名的正人君子。有一次办案，他抓住一名女贼，这个女贼姿色可人，故意靠近曹鼐，肆意挑逗，以求脱身，曹鼐大声喝斥，不许她近身，并拿过一张纸，大书“曹鼐不可”，正襟危坐，看守了女贼一

会试卷本

夜。宣德八年（1433 年），曹鼐参加殿试，正在冥思苦想时，突然飘来了一张纸，上面写着“曹鼐不可”。当时有个习惯，把状元称作“不可”，是难以企及的意思，曹鼐见纸，顿时来了灵感，文思泉涌，结果中魁。“曹鼐不可”四个字后来就成了士人抵御女色的座右铭。

《科场异闻》还记载，清代江南某书生，才华出众，为人也不错，就是有个不好的毛病，喜欢谈论男女之事。参加科举考试的时候，考到第三场，忽然卷子上出现“好谈闺阃”四个字，他急忙用力去擦，结果把卷子擦破了，成了作废的卷子。他前两

清末责杖

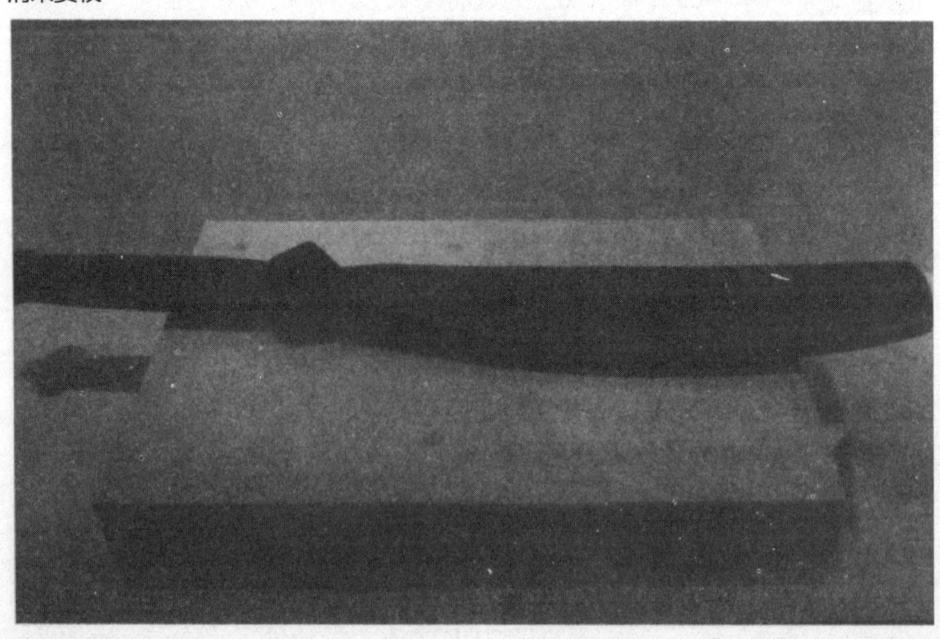

《藤荫杂记》

场考试答得非常好，考官都估计他会中魁，可是没想到，第三场的卷子不能作数，而最终未被录取。

德以孝为首，有孝行的人也会有好的回报。戴璐的《藤荫杂记》记载了这样一个孝子的故事。乾隆二十八年（1763年）的状元秦大成是一位出了名的孝子。他年幼丧父，对母亲极为孝顺，母亲稍微有点不开心，他就长跪请罪，家里穷，他宁愿自己吃野菜，也要让母亲吃上可口的饭菜。他在离家四五里以外的私塾教书，每天晚上都要回来

考取举人的名单都在《申报》上公示

探望母亲，无论春夏秋冬，从未间断过。他不仅孝敬母亲，也喜欢成人之美。乾隆二十四年（1759 年）秦大成中了举人，当时他的妻子已经过世，他续弦娶了一位姑娘。洞房之夜，新娘子痛哭流涕，秦大成探问缘由，她说自己本来从小就许配给了邻村的李某，但是，后来父母因为嫌弃他家太穷，就逼她另嫁。秦大成一听，责怪她不早点说，马上退出了洞房，派人把李某请来，让她和姑娘成亲，洞房摆设、嫁妆统统奉送，第二天还吹吹打打把他们送回了家。秦大成会试的前一天晚上，梦见了文昌帝，文昌帝说他有孝行，又有还妻善举，早该中进士了，果然，好梦成真。

人们都相信“善有善报，恶有恶报，不是不报，时候未到。”人们之所以会相信因果报应，是因为人们都希望好人能够得到幸运，恶人能够得到应有的惩罚，这些只是人们美好的期望，人们希望科举不仅要选拔有才能的人，而且还要选择有德行的人，只有德才兼备的人才能为人类造福。

科举博物馆“大夫第”匾额

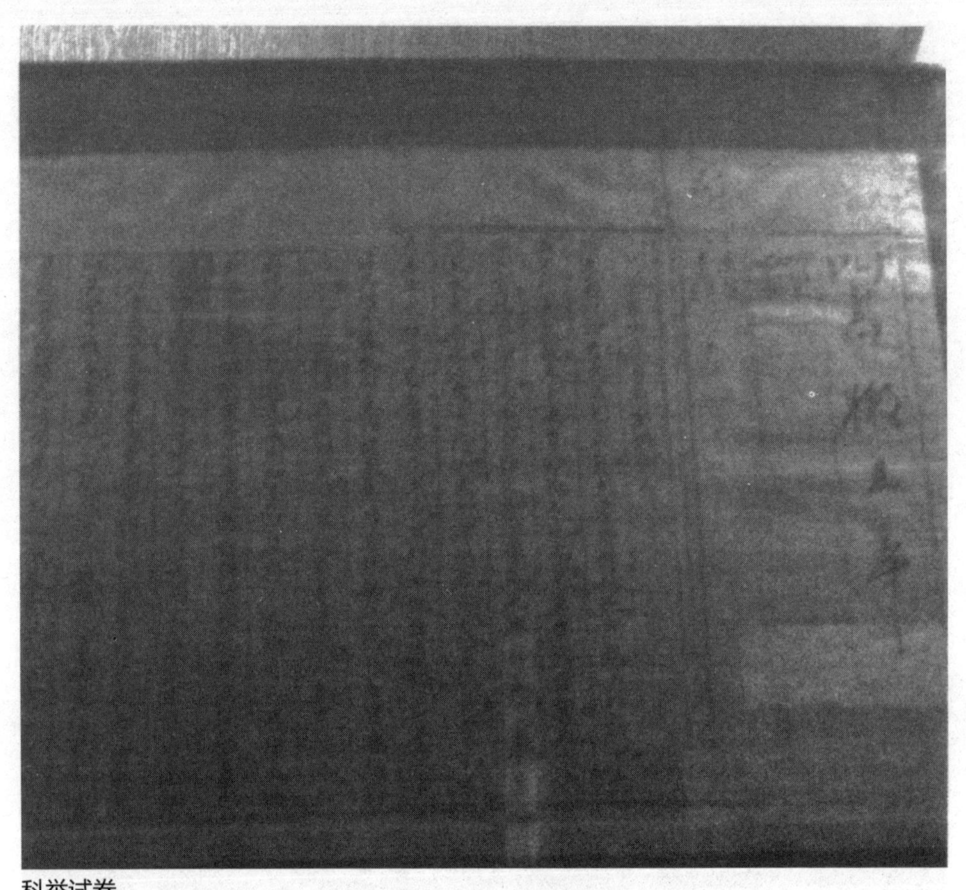
科举试卷

3. 哭笑不得文字案

中国封建社会因为文字导致的案件时有发生，同样，在科举史上，也曾经发生过此类事件。雍正四年（1726年），礼部侍郎查嗣庭被委任为江西乡试主考。查嗣庭在康熙四十五年（1706年）中进士，后入翰林，他的两个哥哥都是翰林出身，查氏兄弟科场得意，官运亨通，很受人们羡慕。然而厄运却突然降临到了他们头上。江西乡试刚结束查嗣庭就被抓进了大牢，罪名是诽谤朝廷。原来，查嗣庭所出的考题中有两道题被认为是“心怀怨望，讥刺时事”。一道出自《论语》，“君子不以言举人，不以人废言”。另一道是出自《孟子》，“山径之蹊间，介然用之而成路。为间不用，则茅塞之矣，今茅塞子之心矣。”这句话的意思就是说，山上的路走得多了就会保留下来，经常不走就会被长起的茅草堵塞，思考也像

祀生照单

走上山路一样，现在你的心被茅草堵住了。有人向雍正皇帝密报，查嗣庭出题讽刺朝廷堵绝言路。接到密报后，雍正立刻下令将查嗣庭逮捕，搜查他的各种文字稿件，结果在查嗣庭的行李箱搜到了两本日记，上面有很多地方对皇帝进行了讽刺，还有对自己被派遣主持乡试表示不满的言论，

状元像

及第名单

雍正皇室下令交三法司审讯定罪。

乾隆十年（1745 年），高中状元的钱维城被选为清书翰林，也就是准备让他去办理满文公文。钱维城自以为脑子灵，觉得满文好学，毫不在意。过了一段时间，正式选官考试，钱维城交了白卷，乾隆皇帝本来很赏识他，可是看他交了白卷，觉得他根本不把满文放在眼里，非常气愤，要治他的罪，后来在大臣傅文忠的再三劝说下，钱维城才没有受罚。

说到文字，《清稗类钞》里曾经记载了

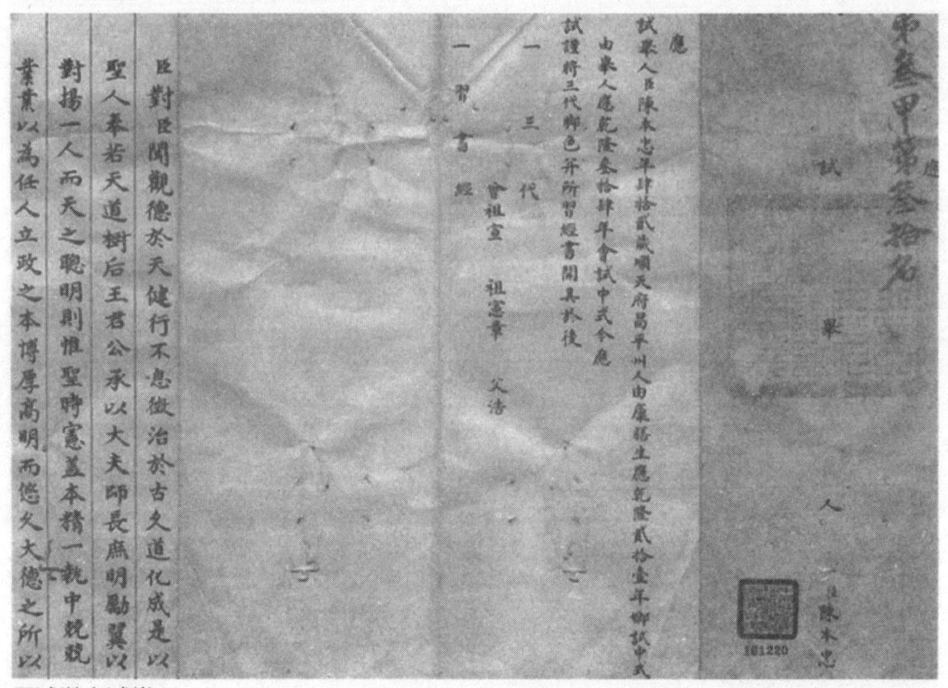

殿试举人试卷

一则让人哭笑不得的故事。江苏有个廪生，考试的时候遇到数字就用阿拉伯数字写了，主考官黄漱兰看到后非常生气，贴出布告，说这个廪生把外国字写入了试卷，是用夷变夏（用野蛮民族的文化来改变中国），居心叵测，应立即停止发给他作为国家补贴的廪饩，受此打击以后，这位廪生精神病发作，不久后就死去了。

4. 春夏两榜两状元

明代洪武三十年（1397 年），科举考试时出了一起前所未有的怪事，即有春夏两榜、两个状元。第一榜的进士都是南方人，第二

汶源书院童生试卷

榜的进士都是北方人，人们由此称为“南北榜”。这件怪事的制造者就是明太祖朱元璋。

和每年一样，会试、殿试按照惯例于春天开考，最后录取了五十二名。名单朱元璋也看过，没提什么意见就照准了。可是金榜一挂出来，北方举人就闹腾起来了，他们用泥巴把金榜打得污渍斑斑，一片狼藉，又拥到礼部门前，大喊不公平，痛骂主考刘三吾和副主考白信蹈。而且，没过多长时间，南京城里到处张贴鸣冤叫屈的字帖，朝廷内外议论纷纷。原来，这次录取的五十二名进士清一色的都是南方人，刘三吾和白信蹈一个是湖南人，一个是江西人，北方落第举人愤愤不平，认为考官压制北方人，偏袒南方人。

朱元璋得知后，非常生气，朱元璋本人也是南方人，跟着他打天下的大部分功臣也都是南方人，都城又在南京，南方与北方的官僚之间存在着隔阂，这也一直是朱元璋的一块心病，现在北方人又闹了起来，弄不好会引起更大的矛盾。于是，朱元璋把刘三吾请来，想让他承担点责任，自己也好有个台阶下，也好平息舆论。可是这位 85 岁的老翰林非常倔强，硬是不承认自己有错，而且口里还振振有词地说，

科举博物馆进士“文魁”匾额

贡院一景

如果查出来自己有什么徇私舞弊的地方，甘愿接受任何惩罚，朱元璋拿他没有办法，勃然大怒，将他赶了出去。

为了解决问题，朱元璋又找来了翰林院侍讲张信，命令他和新状元一起复查试卷，张信并没有领会皇帝的真正意图，查了二十

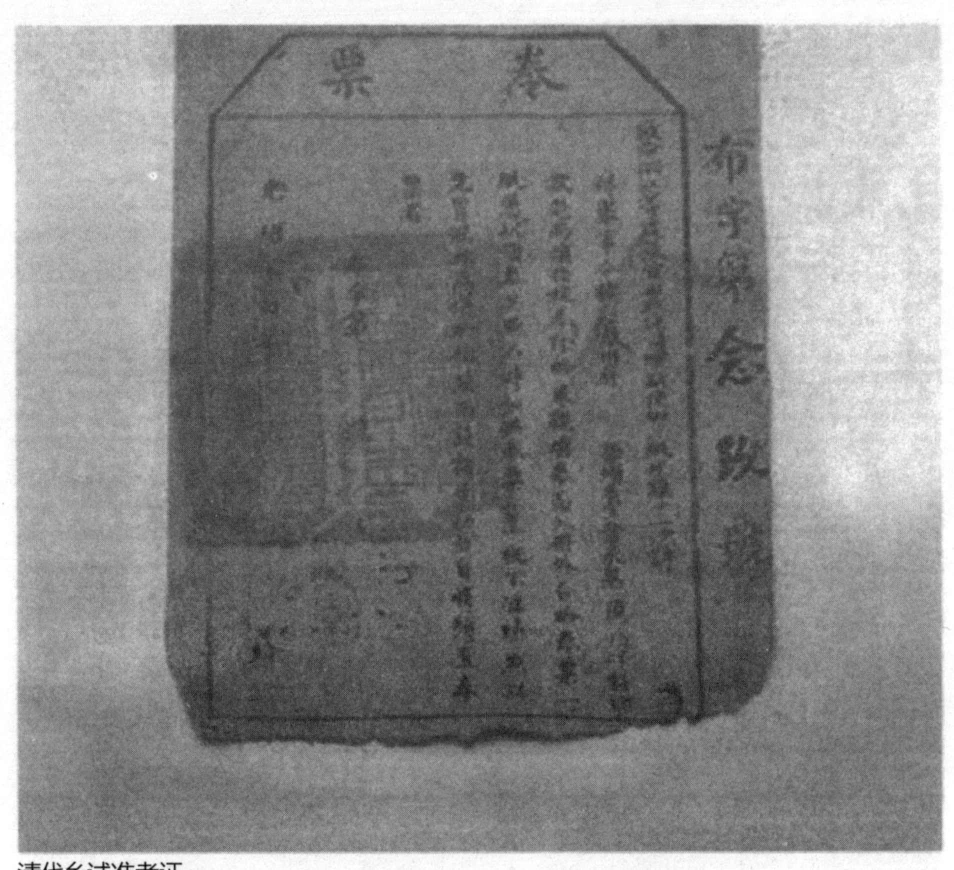

清代乡试准考证

多天，老老实实地报告说南北方人的水平的确相差悬殊，南方最后一名的文章也比北方第一名的文章要好得多，而且他还为刘三吾辩解，朱元璋越听越生气，下令将刘三吾、白信蹈、张信等人打入大牢，而且还抓了他们的亲戚好几百人，严刑逼供，最后编造了一个六百多人徇私舞弊的罪证。白信蹈、张信和二十多名试官全部被处死，刘三吾因为年岁已老，发配流放到边陲充军，有人告发新状元与张信同流合污，最后也被处死。之后，朱元璋再次下令翰林院重审考试落第的卷子，选出了六十一名北方人，六月一日，朱元璋亲自出题殿试，亲自阅卷，选中了山东人韩克忠为状元，这一榜被称为“夏榜”，闹了几个月的南人榜案终于落下了帷幕，最终以几十个人的牺牲和重贴金榜而告终。

其实，从考生的试卷上是看不出来谁是南方人，谁是北方人的。而且在当时，北方由于长期战乱，文化教育受到了严重的影响，

唐人试帖

北方人的文化水平远远低于南方人，这也是客观事实。为了避免此类的矛盾出现，明仁宗采纳杨士奇的建议，分南北录取，南方占名额的百分之六十，北方占百分之四十。再后来，把全国分成了南北中三大区，按照各个区的人口数量确定各省在会试进士中的名额，清代一直延续着这一做法。

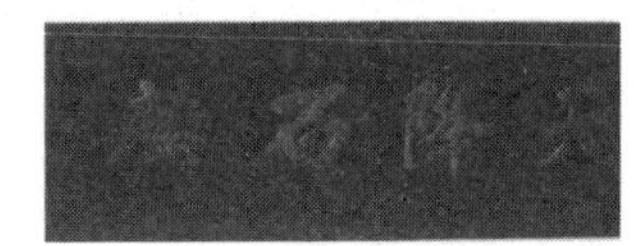

“天降石麟”牌匾

5. 因祸得福中进士

《唐摭言》里记载了包谊的故事。包谊去长安参加进士的考试，可是到了长安，考试的时间已经过了，负责皇族事务的宗人府祭酒怜惜他，把他留下来当幕僚，处理文书事务。包谊喜欢逛佛寺，一天他去游佛寺的时候无意冲撞了替皇室拟诏的中书舍人刘太真。刘太真看包谊的打扮，知道他是位举人，命令随从过去询问。包谊向来比较清高，脾气倔犟，对眼前的这位大官一点也不在乎，回答说：“包谊是来考进士的，素不相识，哪里用得着你劳心问询。”刘太真非常生气，堂堂的朝廷大臣，从来没有被人小瞧过，包谊一小小的举人就这么狂妄，这要是中了进士还了得。

第二年，刘太真任命知贡举，他牢牢记住了包谊这个名字，决心不让他及第。考杂文的时候，刘太真把包谊贬得一无是处，甚至是让包谊下一场的考试不要来考了。过了一会儿，刘太真又觉得自己的行为有些过头了，包谊虽然损了自己的面子，但是自己这样明着报复他，别人会说自己没有肚量，要想惩罚他很容易，只要不让他中第就是了，于是，他又派人通知包谊来参加试策。

名次初定以后，刘太真按当时的惯例，呈给宰相过目。宰相发现及第的名单中有个叫朱泚的，觉得很不合适。朱泚的读音听起来像“诛之”，不吉利，宰相要求刘太真马上把朱泚换掉，刘太真慌了，怎么

同根堂对联及匾额

状元砚

也想不起来其他应试者的名字，只记得一个包谊，没办法，只好把包谊报给了宰相，结果包谊就这样成了进士。

《太平广记》中记载，唐代有个叫皇甫弘的人，他最开始在华州参加解试，因为贪杯，喝醉了酒，把当主考的刺史钱徽得罪了，被赶出了考场。第二年，他又到陕州参加解试，取得了礼部试的资格，赶赴长安应试，他听说是钱徽任知贡举，心里凉了半截，知道这次又没戏了，决定不去考了，就往回走。

在单间里考试的科举考生

走了几天，有天晚上他做梦，梦到奶奶告诉他，他进士能考上，皇甫弘相信这个梦一定能够应验，立即回头，赶赴长安应考。当了礼部侍郎的钱徽发现了皇甫弘在应试者之列，有心想挫挫他的锐气，不过又怕别人说他小心眼，所以他就决定暗中不让皇甫弘及第就是了。

考完阅卷后，名次大致定了，但是要改换一个人，考虑来考虑去，总是拿不定主意，弄到凌晨也睡不着。情急之下，他命下人抽一些卷子来，随便从中抽出一个来，打开来一看，竟然是皇甫弘的卷子，钱徽想这大概是天意吧，于是就没有再改，结果皇甫弘幸运地成了进士。

同样幸运的还有张之万，他是张之洞的堂兄。道光二十七年（1847年）殿试，首席阅卷官大学士卓秉恬很想提拔他的同乡、四川举人伍肇龄。因为殿试是看不见应试者的姓名的，所以卓秉恬就暗中告诉阅卷的各位

考生在小间内小憩

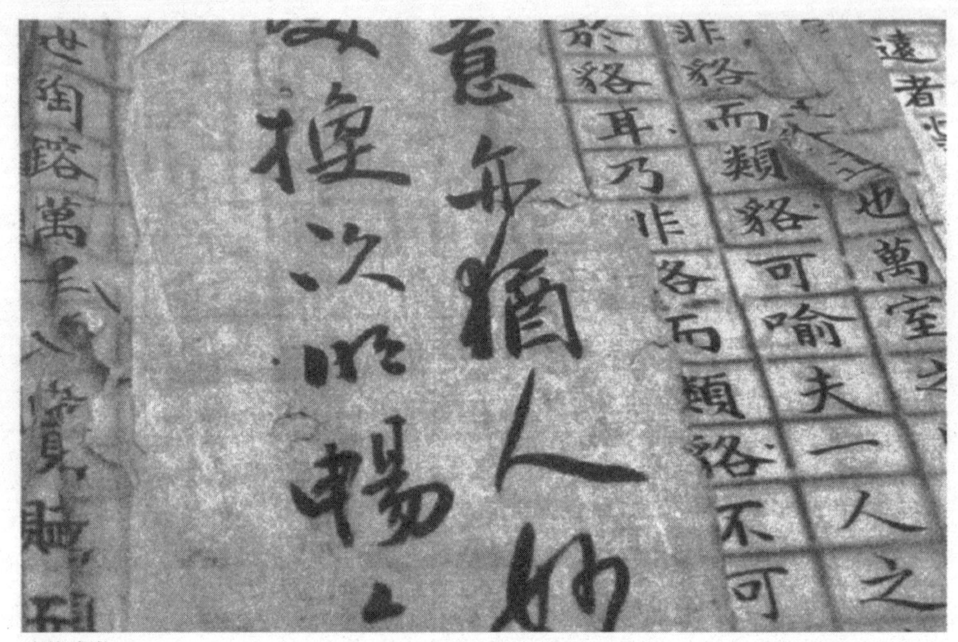

科举试卷

大臣，注意伍肇龄的字体。大臣们细心对照，终于找到了一份字体很像的卷子，经卓秉恬认定后，被录取为第一。结果拆封唱名的时候，第一名的卷子并不是伍肇龄的，而是张之万的，因为张之万的字体和伍肇龄的很相像，竟意外地捡了顶桂冠。后来张之万还当上了东阁大学士，虽然没有堂弟张之洞那样的胆识，但也是业绩不菲。

科举犹如一面镜子，映射出世人的心态和社会的意识。希望透过这些发人深省的科举奇闻，能够引起大家更多的思考，从而发掘出更多的历史真谛。